만주족
주거문화의
수수께끼

만주족
주거문화의
수수께끼

김정호 지음

이담

머리말

　만주족(滿洲族)은 역사적으로 숙신(肅愼), 읍루(挹婁), 물길(勿吉), 말갈(靺鞨), 여진(女眞) 등으로 불린 민족으로 1115년 금나라를 세워 1234년 멸망할 때까지 중원 이북을 지배하였고, 이후 1616년 후금을 세워 1636년 대청제국(大淸帝國)으로 발전시킨 북방 민족이다. 1912년 청나라 멸망 후 이들은 중화인민공화국을 구성하고 있는 55개 소수민족 가운데 하나로 살아가고 있다.

　여진족의 금나라와 만주족의 청나라는 400년이 넘는 오랜 기간 동안 중원을 지배하였고, 청나라는 현재의 중국 영토를 확정하는 데 핵심적인 역할을 하였다. 만주족이 청나라를 세워 중원을 지배하는 과정에서 북방 민족문화가 중원으로 유입되었고 이로 인해 만주족 문화는 현재 중국 문화에 있어 중요한 부분으로 남아 있다.

　만주족은 예로부터 우리나라와도 밀접한 관계를 맺고 있었던 민족이다. 주지하다시피 발해의 구성원이 만주족의 선조인 말갈족이었고, 이성계를 도와 조선의 건국에 기여한 인물 가운데 이지란을 비롯한 다수의 여진족이 포함되어 있었다. 그리고 조선 중엽 병자호란을 일으켜 조선의 왕으로 하여금 '3배9고두(三拜九叩頭)'의 굴욕을 강요한 것도 바로 만주족인 청 태종 홍타이지(皇太極)였다.

현재 우리나라에서 만주족과 관련한 연구는 역사학 또는 언어학 분야에서 일부 진행되고 있을 뿐 만주족의 문화 전반에 대한 전문적인 연구 및 저술 활동은 전무한 실정이다. 이는 현재 만주족이 국가를 운영하고 있지 못하며, 자신들의 고유한 전통문화를 유지하지 못한 채 화석화된 문화유산만을 가진 잊혀가는 민족이기 때문이다. 하지만 이러한 현실에도 불구하고 만주족의 전통문화에 대한 이해가 필요한 것은 이들이 중국을 비롯한 만주지역, 그리고 한반도에 끼친 문화적 영향력 때문이다.

주거와 관련된 한 사회의 지식·가치관 및 태도를 의미하는 주거문화는 다른 문화 현상들과 마찬가지로 오랫동안 특정 집단

내에서 서로 공유되고 학습되어 후대에 전승된 것으로 어느 한 사회의 문화를 총체적으로 이해하기 위한 중요한 단서가 된다.

각 민족의 주거문화 속에는 해당 사회가 처한 환경적인 요소와 그것을 인식하는 민족 구성원들의 가치관과 태도, 그리고 그들의 일상생활 등이 함께 녹아 있다. 그러므로 특정 민족의 주거방식에 대한 고찰은 해당 민족의 구성원들이 왜 그러한 주거방식을 택하게 되었고, 그 같은 주거방식은 사람들의 생활에 어떠한 영향을 끼쳤는지에 대해 총체적으로 이해할 수 있도록 도와준다.

만주지역에서 생활하던 만주족의 전통민가에는 만주족의 생활문화가 고스란히 담겨 있다. 그리고 청나라 초기 황제가 거주하던 선양의 선양황궁(瀋陽皇宮)과 1636년 이후에 청나라 황제가 거주하던 베이징의 자금성(紫禁城)에도 만주족의 고유한 주거문화가 담겨 있다.

이 책에서는 우리와 밀접한 관련을 가지고 있었으면서도 우리에게는 생소하기만 한 만주족의 전통 생활문화 탐색을 위한 방편으로 만주족의 전통 주거문화에 대해 살펴보고자 한다. 이는 주거문화를 통하여 만주족의 의식주 생활 및 신앙 체계, 전통 사상 등을 확인할 수 있고, 그 근원을 추측할 수 있는 근거로 삼을 수 있기 때문이다.

주거와 관련된 연구는 일반적으로 건축학 또는 지리학 전공자들이 수행하는 분야이다. 따라서 소수민족 문화 연구를 전공으로 하는 민족학 전공자가 주거문화를 연구하게 되는 것은 다소 의외의 일로 받아들여질 수 있다. 하지만 문화 비교와 해석을 통하여 인간에 대한 총체적인 이해를 추구하는 민족학자의 시각은 주거문화를 건축물로만 보거나 지리적인 차이에 의해 발생하는 문화 현상으로만 여기는 시각에서 벗어나 환경과 문화를 넘나들면서 주거문화에 대한 종합적인 고찰을 할 수 있다는 점에서 다른 학문들과 차별성을 지닐 수 있다.

이 책은 만주족의 주거문화와 관련된 필자의 논문과 중국 서적 및 기타 자료들에 대한 분석, 그리고 수년 전 필자 자신이 만주지역 답사를 통해 수집한 자료들을 토대로 집필되었다.

수년 전에 초안을 잡았다가 방치해두었던 원고를 다시 꺼내어 정리를 하고, 단행본 출간을 결심하게 된 이유는 그동안 가졌던 만주족 문화에 대한 나의 열정이 사그라지고 있는 것에 대한 안타까움 때문이다. 특히 20여 년 전 필자에게 만주에 대한 동경심을 불러일으켜 주시고, 중국 유학의 계기를 만들어주신 전 서울교대 安天 교수님께서 지난해 정년퇴임을 하시게 되었음에도 제자로서 특별한 연구실적물을 보여 드리지 못한 아쉬움 역시 졸고를 출판하기로 결심하게 된 계기가 되었다.

우리 속담에 '천 리 길도 한 걸음부터'라는 말이 있다. 모든 일은 시작이 중요하다는 뜻이다. 만주족 문화에 대한 관심과 열정에도 불구하고 그 열정을 학문적 성취로 담아내지 못하고 있는 필자에게 이번 연구서는 향후 만주족 전통문화 관련 후속 저작을 생산해내기 위한 첫걸음이다. 이번 단행본 출판을 계기로 현재 준비하고 있는 만주족 문화 관련 저작들을 계속하여 출간할 수 있기를 기대한다.

마지막으로 이 자리를 빌려 그동안 필자의 학문적 활동에 정신적으로 많은 도움을 주신 安天 교수님, 中央民族大學 黃有福 교수님, 서울시립대 琴喜淵 교수님께 감사의 말씀을 드린다. 그리고 그동안 나의 쉽지 않은 작업을 묵묵히 지켜봐 준 사랑하는 아내 박정선과 아들 광현, 딸 영현에게 고맙다는 말을 전하고 싶다. 아울러 부족한 원고의 출판을 허락해주신 한국학술정보(주) 측에도 감사의 인사를 전한다.

2013년 봄

서울 우장산 밑자락 靑鶴齋에서

김정호

목 차

제1장

주거문화의 이해

1. 주거와 주거문화

　문화란 무엇인가? 타일러(Tylor)는 지식, 신앙, 예술, 법률, 도덕, 관습 그리고 사회의 한 구성원으로서의 인간에 의해 얻어진 다른 모든 능력이나 관습을 포함하는 것, 즉 인간에 의해 만들어진 유·무형의 모든 것을 문화로 정의하였다. 이 같은 총체론적인 관점과는 달리 관념론적인 관점에서는 '한 사회 성원들의 생활양식이 기초하고 있는 관념 체계 또는 개념 체계'를 문화라 부른다. 이 관점에서 보면 '문화'와 '문화적 산물'은 엄격히 구분되는 것으로, 고려청자를 예로 들자면 도자기로서의 청자 그 자체로는 한국 문화가 될 수 없고, 그것을 만들어내게 된 한국인의 관념 체계, 즉 한국인의 정신세계만이 한국 문화가 되는 것이다. 그 때문에 인간의 사고 및 행위를 연구대상으로 하여 무엇이 그것을 가능하게 했는지에 초점을 두고, 그것을 가능케 한 기본적인 원리를 밝혀내려는 사람들에게는 관념론적인 관점에서의 문화에 대한 정의가 효과적이다.[1)]

이처럼 문화는 한 사회를 구성하고 있는 구성원들의 행동에 영향을 미치는 특정한 관념 및 가치관과 이를 통해 만들어진 산물을 통틀어 일컫는 것으로, 사회 구성원들에 의해 공유되고 학습되어 다음 세대로 전승되는 속성을 지니고 있다. 즉, 문화는 개인이 지니고 있는 독특한 개성이 아닌, 어떤 사회 집단에 기초하여 그 집단 구성원들이 공통으로 가지게 되는 가치관 및 태도를 의미하는 것이다. 하지만 한 집단이 공유하고 있는 것이라도 머리카락의 색깔이나 눈동자의 색, 피부색처럼 유전적인 요인으로 인해 공유된 것을 문화라고 부르지는 않는다. 사회 구성원들 사이에 공유된 것이 문화라는 이름으로 불리기 위해서는 유전적인 획득이 아닌 후천적인 학습을 통해 공유된 것이라야만 한다.

한 사회 집단을 배경으로 생성되어 공유된 문화는 '문화화(enculturation)'라 불리는 다음 세대로의 전승 과정을 통해 축적이 되며, 이는 인간과 다른 동물을 구별 짓는 중요한 요소가 된다. 이 같은 문화의 사회적인 속성으로 인해 특정한 공간에서 특수한 역사적 경험을 축적하며 생활해온 특정 집단은 다른 집단과는 다른 자신들만의 고유한 문화를 가지게 되고, 이는 다른 사회의 구성원과 자신들을 구별 짓는 중요한 척도로 작용하게 된다.

먼 옛날, 인류의 조상들이 먹을거리를 찾아 떠도는 생활을 마감하고 일정한 장소에 머물러 살게 되면서 인간의 주거는 시작되었다. 정착 생활 초기에 인류의 조상들은 자연재해나 사나운 짐승들을 피하기 좋은 천연적인 은신처인 동굴 등을 주거지 삼아 생활하였다. 그러다가 점차 농업이 발달하면서 안정적인 주거를 위한 인공적인 건축물을 만들어 생활하게 되었는데 이렇게 시작된 인간의 정착된 삶의 방식을 우리는 '주거(住居)'라 부른다. 하지만 좁은 의미로 주거는 '인간이 일정한 장소에 장기적으로 머물면서 이용하게 되는 인공적인 거처 또는 주택'을 뜻하기도 한다.

이처럼 주거는 인류가 거주의 목적으로 만든 건축물뿐만 아니라 주생활과 관련된 공간으로까지 그 범위를 확대할 수 있는 것으로, 주거를 위한 건축물인 주택 및 그를 둘러싼 주거 공간의 종합적인 부분을 모두 포괄하는 것으로 정의할 수 있다.

주거와 관련된 한 사회의 지식 및 가치관·태도를 의미하는 '주거문화'는 다른 문화 현상들과 마찬가지로 오랫동안 특정 집단 내에서 서로 공유되고 학습되어 후대에 전승된 것으로, 어느 한 사회의 문화를 총체적으로 이해하기 위한 중요한 단서가 된다.

우리가 특정 민족의 전통문화를 제대로 이해하기 위해서는 해당 민족 구성원들의 삶의 공간인 전통민가에 대한 고찰이 필수적이다. 그 이유는 각 민족의 전통민가를 연구하게 되면 해당 민족의 지배 계층 및 피지배 계층의 전통적인 생활문화뿐만 아니라 기층문화까지 이해할 수 있게 되기 때문이다.

전통민가는 각 민족의 고유한 전통 및 문화적 특징을 담고 있는 건축물로, 예를 들어 우리가 만주족 전통민가라 하는 것은 만주족이 과거 만주지역에 거주하면서 생활의 필요에 의해 짓고, 생활공간으로 활용하던 만주족 특색의 주거용 건축물을 가리킨다. 이는 주로 만주족에 의해 청나라가 세워지기 전부터 간직되어 온 만주족 선조들의 민족적 전통을 토대로 청나라의 건국 이후에 전형적인 모습을 갖추게 된 만주족 특색의 전통주택을 뜻하는 것이다.

모든 문화 현상이 그렇듯이 주거문화 역시 고정불변의 것은 아니다. 그 때문에 주택의 외형뿐만 아니라 그 안에 담기는 문화 역시 시간이 지남에 따라 시대적인 요구와 흐름에 맞춰 계속적으로 변화해간다. 주거문화는 내부적으로는 가족 형태의 변화나 구성원들의 집에 대한 의식의 변화, 외부적으로는 사회적 상황의 변화, 기술의 발달, 외래문화 유입 등의 영향을 받아 변화를 겪는다. 하지만 특정 주거문화가 본래의 모습을 상실하고 180도 다른 형태로 변화하는 것은 불가능한 탓에, 세월이 흘러도 한 민족의 주거문화는 해당 민족의 고유한 문화적 특성을 간직한 채 끊임없이 다음 세대로 이어지고 있다.

우리의 전통적인 주거 형태가 최근 아파트로 대체되고, 주거방식 역시 서구식을 좇아 화장실을 실내에 두고, 방바닥에 이부자리를 까는 대신 침대 생활을 하는 등 과거와는 다른 변화를 겪고 있지만 실내 난방만큼은 우리 민족 전통의 온돌 방식을 취한다거나, 조선족이라 불리는 재중동포들이 다른 것들은 중국인들과 별 차이가 없지만 민가의 난방 방식만큼은 한족이나 다른 소수민족들과는 달리 우리식의 전면 온돌을 고집하는 것 등은 세월이 아무리 흘러도 변치 않는 주거문화의 핵심 요소가 존재함을 증명하는 좋은 사례이다. 이렇듯 주거문화는 과거로부터 변하지 않고 유지되는 항시적 측면과 함께 시대적 조건 및 환경에 대응하며 변화되는 가변적 측면이 함께 존재하게 된다.

문화는 본래 인간에 의해 만들어진 것이지만, 인간이 오랫동안 그 문화의 영향을 받게 되면서 인간의 행동을 규정하는 규범으로 작용하게 된다. 전통민가와 관련된 주거문화 역시 초기에는 인간이 자연에 순응하고 이를 정복하는 과정에서 사회적인 특색에 맞게 형성된 것이지만, 점차 시간이 지나면서 사회 구성원의 생활방식에 영향을 끼치게 되고, 나아가 이들의 생활방식을 강제하게 된다. 이처럼 민가와 인간이 서로 영향을 주고받는 과정을 거쳐 형성된 문화가 민족적 특성에 따라 그 사회 내에서 서로 공유되고 전승되면 그것이 바로 특정 민족의 주거문화가 되는 것이다.[2]

전통민가와 관련된 연구는 일반적으로 건축학의 범주에 속한다. 하지만 한 민족의 전통민가는 단순한 건축물이 아닌 인류의 생활문화가 담겨 있는 문화복합체(culture complex)로서의 의미가 크기 때문에 인간에 대한 총체적인 이해를 목적으로 하는 민족학(Ethnology)

또는 인류학(Anthropology)의 관심 연구 분야이기도 하다.3)

　이에 본고에서는 인간 생활경험의 모든 측면을 상호 관련시켜 총체적으로 보는 민족학(民族學)적인 관점에서 오랜 세월 동안 만주지역에서 생활의 터전을 잡고 살아오면서 금나라와 청나라를 세워 중국 대륙을 두 번씩이나 통치했던 만주족의 주거문화에 대해 살펴보고, 이를 통해 만주족의 전통 생활문화에 대한 이해의 폭을 넓혀보고자 한다.

2. 주거문화의 형성과 발전

주거양식의 결정 요인

　인류의 진화와 더불어 발전해온 한 민족의 주거방식과 형태
는 해당 민족이 거주하는 지역의 지형, 기후, 생산되는 건축재
료 등의 자연적인 요인과 그 집단의 풍속, 생활양식, 종교, 관
습, 가치관 등의 사회적인 요인에 따라 다양하게 나타난다.4)
　주택의 형태는 자연환경의 영향을 크게 받는다. 자연적 요인
의 영향을 받은 주거방식의 대표적인 예로는 호수나 강에 배를
띄우고 생활하는 인도네시아의 물 위에 지은 집, 비가 많이 오
고 고온다습한 필리핀의 나무 위에 지은 집 등이 있다. 몽골인
들은 외부의 공기를 차단시키기 위해 텐트 안에 여러 가지 물질

을 바르는데 계절의 변화에 따라 바르는 양이나 정도가 달라진다. 열대지방이나 건조한 지역에서는 진흙과 돌로 집을 지어 뜨거운 햇볕을 막고 시원한 기온을 최대로 유지한다. 한편 석재가 풍부한 지역에서는 돌을 주재료로 하여 지은 석조 건물이 많으며 눈과 얼음이 풍부한 추운 지역에 사는 에스키모인들은 이 재료들을 활용하여 이글루를 만든다. 우리나라도 기후가 서로 다른 남부지방과 북부지방의 주택 형태가 다르고 초가집, 너와집, 굴피집 등 그 지역에서 생산되는 재료를 활용하여 다양한 주택을 짓는다.

사람들이 가지고 있는 세계관, 종교관, 가족의 유형과 사회구조 등에 의해 주거 공간의 구성 및 배치가 달라질 수 있다. 예를 들어, 북미의 인디언들은 세계를 원의 형태로 인식하고 있으며, 이로 인해 집과 마을을 원의 형태로 구축한다. 반면 고대 중국에서는 세계를 사각형의 형태로 보고 마을 형태나 주택의 평면을 사각의 형태로 구축하였다. 종교관의 영향을 받은 주거 공간 배치는 몽골인들이 게르(ger) 내에 가족의 제단을 마련하는 것, 우리나라에서 조상의 위패를 모시는 사당을 따로 두는 경우를 예로 들 수 있다. 한편 가족의 유형과 사회적인 구조는 주거방식에 뚜렷하게 반영된다. 또한 부부간의 권력 구조, 부모와 자녀 관계, 확대 가족 여부 또는 가족생활 양식은 주거의 형태에 영향을 끼친다. 그리고 조선시대 주택의 안채와 사랑채, 아흔아홉 칸 기와집 등에서 볼 수 있듯이 성별과 신분이 주거 공간의 구성 및 주택의 규모에 영향을 미치기도 한다.

원시 주거의 출현

　이 지구상에는 언제부터 사람이 살기 시작했으며 그들은 어디에서 어떤 모습으로 살고 있었을까? 과연 인류에 의해 집이 처음으로 만들어진 시기는 언제이며, 어떠한 재료와 방식으로 만들었고 또 어떤 모양으로 만들었을까? 이러한 의문에 대한 해답은 땅 위나 땅속에서 사람들이 살았던 흔적을 연구하는 고고학자들에 의해 찾아지고 있다. 학자들의 연구에 의하면 원초적인 주거지는 자연의 위협으로부터 스스로를 보호하기 위한 은신처를 마련하기 위한 것에서부터 시작된 것으로 초기의 주거지는 자연적인 지형조건에 의한 동굴이나 바위틈에 나뭇가지나 동물의 가죽을 덮는 간단한 형태였다. 그 후 생계방식이 수렵·채집에서 농경으로 정착되어 감에 따라 본격적으로 인공 거처를 만들게 되었고 모여 사는 사람들이 점차 늘어감에 따라 촌락이 형성되기 시작하였다.

　저우커우뎬(周口店)의 베이징 원인(北京原人) 및 그 지역 산속 동굴의 인류 유적 및 유물들로 미루어볼 때 지금으로부터 약 20만~50만 년 전에 중국 대륙에 인류가 생존하고 있었을 것으로 추측되고 있다. 저우커우뎬(周口店) 유적에서는 석기와 화로 등도 함께 출토되어 이들이 무리를 이루어 공동체 생활을 했으며, 석기(石器)와 골각기(骨角器) 등의 도구를 사용했음이 밝혀졌다. 또한 두터운 재층(灰層)과 불에 탄 동물의 뼈 등도 발견되어 당시의 인류가 불을 사용하고 있었음도 증명되고 있다. 하지만 이들이 살았던 주거의 흔적은 주로 자연적으로 만들어진 산속의 동굴일 뿐 이들이 어떠한 형태로든 인공적으로 집을 지었다는 증거는 보이지 않고 있다.

베이징 원인은 여기저기 옮겨 다니면서 과일을 따 먹거나 짐승이나 물고기를 잡아먹는 수렵 채집 생활을 하던 구석기인들이며, 불을 사용할 줄 알았던 인류라고 알려져 있다. 이들은 식량을 찾아 계속 이동해야 했으므로 영구적인 거처가 필요 없었다. 다만 자연재해나 맹수 등 생명의 위협을 주는 외부환경으로부터 자신과 가족을 보호하고 불씨를 보존할 수 있는 일시적인 피난처로서 자연동굴이나 바위틈 또는 큰 나무 아래에 주위의 재료를 이용하였다. 하지만 피난처가 될 만한 자연적인 장소를 찾지 못하였을 경우에는 인간들은 스스로 그러한 장소를 만들어야만 했다. 즉, 자연 상태에서 견디기 어려운 혹독한 기후나 사나운 짐승을 피하기 위해 필요한 거처가 될 만한 곳을 찾을 때, 자연동굴이나 큰 나무 등 적당한 곳을 아무데서나 쉽게 구하기는 어려웠을 것이다. 그렇기 때문에 은신처가 될 만한 자연적인 장소를 찾지 못했을 때 그들은 스스로 그러한 장소를 만들 수밖에 없었고 이러한 상황에서 원시적인 형태의 인공 주거물이 출현하게 되었다.

수렵과 채집을 위주로 하던 구석기 시대가 지나고, 간석기(磨製石器)와 토기를 도구로 사용하여 식량을 생산하던 신석기 시대에 들어서면서 사람들은 일정한 지역에 정착하는 삶을 살기 시작하였다. 신석기 시대에 인공적으로 만들어진 주거지의 흔적은 바닷가나 강가, 호숫가 근처의 언덕에서 많이 발견되고 있는데, 이들이 주로 짓고 생활하던 집은 수혈식(竪穴式) 움집 형태였다. 수혈식 움집이란 수직으로 땅을 파고 그 위에 지붕을 덮는 형태의 집을 의미한다. 이렇게 땅을 파서 움집을 만든 이유는 만들기 쉬웠을 뿐만 아니라 일정 깊이 이상의 땅속은 온도변화가 적어 추위를 쉽게 견딜 수 있었고, 또한 건물의 높이를 낮추어 거센 바람에 견딜 수 있는 구조를 만들기 위함이었다. 움집은 사람이 자연을 가공하여 만든 최초의 인공주거로서 자연을 극복하기 위한 경험적 지식의 축적, 기술 및 도구의 발달과 더불어 인류가 한곳에서 정착 생활을 하기 시작하면서 본격적으로 만들어지게 되었다.

지상 주거의 출현

청동기 시대의 사람들은 비록 원시적이기는 하나 경작지를 만들어 농사를 짓고 가축을 길렀던 것으로 알려져 있다. 구석기 시대의 주거방식은 일시적인 피난처의 역할만으로 충분할 수 있었지만 신석기 시대 이후 사람들이 한곳에 머물러 농사를 짓기 위해서는 피난처 이상의 역할이 필요했다. 이처럼 사람들이 정착 생활을 시작하게 되면서 주거지도 점차 고정화되는 상황에 이르렀는데, 특히 농경의 발달로 수확물이 풍부해짐에 따라 수확물을 저장할 장소가 필요하게 되었고, 이로 인해 주택의 규모도 이전보다 크고 다양한 내부 공간을 요구하게 되었다.

인류의 정착 생활은 지역적인 특색을 지닌 서로 다른 형태의 주거방식을 만들어내었는데, 덥고 습한 지역에서는 나무로 집을 짓되 땅 위에 일정한 거리만큼 높여 습기를 예방하고자 하는 난간식 건축물을 지었고, 춥고 겨울이 긴 북쪽 지방에서는 땅을 파고 집을 짓는 움집 형태의 건축물을 지었다. 이 단계에서 인류의 조상들은 크게 세 종류의 집을 발전시키게 되었는데, 하나는 지면에 구덩이를 깊이 파고 평면을 만들어 그 위에 천막이나 지붕을 만든 움집, 두 번째는 땅을 파서 동굴 형태로 만든 토굴, 세 번째는 짐승의 가죽이나 나무껍질 등을 사용하여 만든 텐트형의 천막이다. 이 가운데 원시 주거 형태로서 가장 보편적인 형태는 움집으로 세계 대부분의 지역에서 만들어졌다고 판단되며 그 후 건축 기술의 발달로 인류는 더욱 견고하고도 쾌적한 주택을 자신이 처한 풍토적 조건에 적합하게 발전시켜 갔다.

사회가 발전하면서 국가라는 큰 단위의 사회 체제가 형성됨에 따라 주택의 기능이나 이에 대한 요구가 변화하거나 추가되고 주택의 형태도 달라졌다. 이 시기에는 과거의 땅을 파고 집을 짓는 형태의 주거로부터 땅 위에 집을 짓고 사는 지상주거의 형태로 발전하기 시작하였다. 이렇게 지상주거가 발전하게 된 까닭은 정착 생활이 지속되면서 주택은 영구적인 생활의 근거지로서 겨울뿐만 아니라 여름에도 대비해야 했기 때문이다. 또한 주택에서 생활하는 시간이 점차 많아지게 되면서 과거의 어둡고 오르내리기 불편한 움집에서 활동에 편리하도록 땅 위에 집을 짓고 생활하는 지상주거의 형태로 발전하게 되었다. 즉, 본격적인 농업이 시작되면서 정착 생활이 시작되었고, 이에 알맞은 영구적인 주거 형태가 필요하게 되었으며, 청동기 및 철제 도구를 이용한 목재의 가공과 구조화의 기술 발전에 힘입어 보다 튼튼한 구조물을 만들 수 있었다. 이로 인해 인간의 주거 형태는 초기의 움집에서 점차 지상주거로 발전하게 되었으며, 이러한 지상주거가 발전하면서 민족 집단마다 고유한 주거문화가 형성되기 시작하였다.

문화권역별 주거 형태의 특징

세계의 건축문화는 대체로 5개의 권역으로 나눌 수 있다. 첫째, 티그리스·유프라테스 강 유역의 중앙아시아, 둘째, 이집트·북아프리카 및 지중해 연안, 셋째, 도나우 강과 흑해 서부지방 및 북부 유럽, 넷째, 중국과 극동아시아, 다섯째, 중앙아메리카 지역의 문화권이다. 이러한 문화권역별 주거 형태는 해당 지역의 자연환경과 밀접한 관계가 있다.

중앙아시아 지역은 석재가 귀하여 풀잎을 엮고 점토를 발라서 만든 원형주거를 사용하다가, 다진 흙을 햇볕에 말린 흙벽돌을 사용하게 되었다. 이러한 기술은 점차 발달하여 굽기도 하고, 유약을 칠하기도 하는 벽돌 구조의 특유한 공법으로 발전하였다.

　지중해 연안지역에서는 온화한 기후와 풍부한 대리석으로 비교적 규모가 큰 석조건축 문화를 이룩할 수 있었다.

　중북부 유럽에서는 목재가 풍부하게 생산되어, 수렵과 경작의 생활터전으로서 목조 기둥을 세운 사각형의 가구식 구조의 집을 짓고 살았다. 실내에는 화로를 놓았으며 지붕은 매우 경사지게 하였고, 벽은 원목을 수평으로 중첩시켜 만든 형태였다.

　동아시아 지역에서는 건축재료 자체가 풍부하지 못하여 여러 재료를 적절히 혼용하게 되었는데, 집 구조의 하부에는 석재나 벽돌을 사용하였고, 상부에는 목재 또는 석재와 벽돌 등을 혼용하였다. 이와 같이 목조를 기본으로 다양한 재료를 성질에 따라 적절히 사용하며, 지붕은 목조 구조물 위에 풀 또는 기와를 사용하여, 규모가 큰 매우 관념적인 주택을 만들었다.

　중앙아메리카 지역의 건축 특색은 기원전에 번성하였던 마야제국의 초기 유적에서 찾아볼 수 있는데, 주로 벽돌과 석재를 사용한 건축을 기본으로 하였다.

제2장

전통민가와 인간 생활

1. 민가의 개념

　주거를 하나의 문화 현상이라고 한다면 그 문화 현상에 대한
해석이나 설명은 매우 다양할 수 있다. 또한 그러한 다양성은
주장하는 사람의 가치관이라든지 시각에 의해 좌우된다. 그러
나 해석이나 주장을 펼치기 위해서는 먼저 대상에 대한 명확한
개념 정의가 선행되어야 한다. 따라서 전통민가를 연구함에 있
어서도 우선 그 뜻을 분명히 할 필요가 있다.

　전통민가는 '전통(傳統)'과 '민가(民家)'라는, 두 가지가 합쳐져
서 이루어진 말이다. 그 때문에 우리는 전통의 뜻과 민가의 뜻을
따로 밝히고 다시 이 두 가지를 합쳤을 때의 뜻을 밝혀야 하는데,
전통은 민가를 수식하는, 즉 전통적인 것의 준말이므로 전통민가
의 주체가 되는 민가를 먼저 고찰하는 것이 타당하다고 하겠다.

중국에서는 민가를 '민거(民居)'라 칭한다. 中國建筑工業出版社의 『中國土木建筑百科辭典・建筑』에 따르면 민가는 '관방식이 아닌 민간인들이 거주하는 건축물로 왕이나 귀족들이 거주하던 궁궐이나 관저와 비교되는 것으로, 관방의 규칙 및 등급 등에 의한 제한을 받지 않는 주거 생활의 만족이라는 기능적인 필요에 의해 만들어진 건축물'을 일컫는다. 이렇듯 중국에서 민거(民居)는 관료들이 아닌 일반 백성이 거처하는 장소 및 집을 의미하고 있다. 이 외에도 중국의 각종 문헌에 등장하는 민거(民居)와 유사한 개념으로 쓰이는 말로는 民戶, 民屋, 家, 家舍, 屋舍, 宅, 人家, 民家 등이 있다.

중국의 민거(民居)를 우리나라에서는 '민가(民家)'라고 부르는데 그 의미를 한글로 풀어보면 민가의 민(民)은 백성을 일컫고, 가(家)는 집을 말한다. 이렇게 볼 때 민가란 곧 일반 백성이 사는 집을 말하며 이는 궁궐, 관아, 사찰 등의 공적인 건축 공간과는 다른 사적인 건축 공간인 것이다. 과거 절대 왕권의 국가로 존립하였던 시대에는 민가라는 말은 넓은 의미로는 궁궐, 관아, 향교, 서원, 사찰 등등의 공적인 건축과 대비되는, 위로는 공경대부(公卿大夫)로부터 아래로는 천민에 이르기까지 '모든 백성의 집'을 뜻하였다고도 볼 수 있다. 그러나 실제로 문헌에서는 공경대부의 집을 '제(第)', '제택(第宅)'으로 표현하고 있는 만큼 민가는 좁은 의미에서 공경대부의 집인 '제택(第宅)'을 제외한 일반 서민들의 집을 말한다고 보는 것이 타당하겠다.

루도프스키(Bernard Rudofsky)우리나라의 민가와 관련한 정의는 학자마다 서로 다르지만 그 의미는 대체로 유사하게 나타나고 있다. 그 대표적인 주장들로는 주남철의 '서민주택, 일반 평민들의 주택으로 이들은 農, 工, 商에 종사하고 조세와 군역의 의무를 지는 계층이다 이들은 신분상으로는 물론 경제적으로도 빈곤하여 자연히 주택도 다른 계층보다 빈약하다', 강영환의 '한 민족 집단의 다수이며 보편적인 핵을 이루는 기층인 민중의 주거로서 시대에 따라 그 민족 집단의 주거문화를 대표하는 유형', 장보웅의 '과거의 전통이 잔존하는 서민의 주택, 농민의 주거', 금홍수의 '민중의 건축(Folk Architecture)으로, 민중의 욕망과 정열뿐만 아니라 한 문화와 그 문화의 요구와 가치를 직접적이고 무의식적으로 표현하는 것' 등 주로 거주자의 사회 계층을 분류의 근거로 삼아 한 사회 집단의 피지배 계층 또는 다수의 보편적 계층이 살았던 주거를 민가로 인식하고 있다.

한편 서양 건축학자들에 의한 민가의 정의는 주로 주거 유형의 생성과정 또는 결과로서의 형태적 특성을 분류의 주요 관점으로 하여 집단의 구성원들이 공동체적 경험에 의해 산출한 건축으로 결과적으로 그 사회 내에서 분류되었다. 그 대표적인 예로는 버나드 루도프스키(Bernard Rudofsky)가 말한 '공동체적 건축에 속한 주택들'을 뜻하는 것이다. 피에트로 벨루스키(Pietro Belluschi)가 정의한 바에 의하면 공동체적 건축이란 '소수의 전문가나 지식인에 의해서가 아니라, 공통적 체험을 바탕으로 하여 공통된 문화유산을 가진 전체 구성원의 자연발생적이고 지속적인 활동으로 생성된 공동체적 예술'인 것이다. 또한 브루스 올숍(Bruce Allsopp)은 민가를 민속건축(Folk Architecture)으로 보아 '한 집단의 전통에 따라 또는 그 집단의 관습에 따른 기술자의 방법론적 지식에 의해 결정되는 건축'이라고 정의하였다.

이처럼 서양 건축 학자들에 의한 민가는 어떤 특정한 건축가의 개성이 중요시된 건축으로서의 주택이 아니라 지역마다 그 지역의 풍토에 조화되는 풍토건축으로 토속적인 것이다. 어느 마을에서 집을 지을 때 집 짓는 숙련공은 그 집 주인과 더불어 이미 집의 형태, 구조, 재료 등등에 대하여 서로 잘 알고 있기 때문에 오직 문제가 되는 것은 집 주인이 새롭게 요구하는 가족의 요구사항, 규모 등등일 뿐이다. 따라서 숙련공은 집주인과 더불어 마치 한 사람에 의하여 조정되고 적응되는 모형으로 표출하게 된다. 이러한 토속적인 건물로서의 주택 건축이 바로 민가인 것이다.

이와 같은 민가에 대한 동서양의 다양한 정의들을 종합하면 민가는 '한 시대의 권력자나 지배자와 같은 지배계층이 아닌 농민이나 어민 등 민중이 주체가 되어 전문적·건축적인 지식이나 특별한 건축가의 힘을 빌리지 않고 그들 자신이 과거의 전통 및 관습을 바탕으로 공동체의 노력으로 지은 서민들의 집'을 일컫는 것이다. 따라서 각 민족의 민가를 연구하게 되면 각 민족 피지배계층의 생활문화를 이해할 수 있을 뿐만 아니라 그 계층의 기층문화까지 이해할 수 있게 되는 것이다.

2. 전통민가

전통민가는 전통과 민가가 합쳐진 말로 전통적인 형태 및 양식을 갖춘 민가를 가리키는 데, 우리나라에서는 주로 '전통가옥(傳統家屋)'이라 부른다. 중국의 고대 문헌에 따르면 전통이란 '세대 간에 계속해서 이어지는 것'을 의미하는 것으로 후손에게 대대로 이어지는 사상, 도덕, 풍속, 문화, 예술, 제도 등을 말한다.

이상과 같이 사전적인 정의 이외에 전통의 의미를 적절하게 밝힌 일본의 미키 기요시(三木清)가 쓴 '人生論ノート(인생론 메모)'에 따르면 전통의 의미는 다음과 같다.

"전통이란 말은 傳하고 傳하여진 것을 의미한다. 독일의 번하임(Bernheim)은 遺物과 传统을 구별하고 있는데 유물이란 어떤 것이 직접적으로 형태를 갖춘 채 남아 있는 일체의 것을 말하는 반면에, 전통이란 어떤 것에 대하여 인간이 간접적으로 파악하여 관찰되고 재현되어 전해지는 것을 말한다. 즉, 전통은 과거의 것으로 현재에 남겨진 단순한 의미의 유물이 아닌 과거에 존재하던 것이 현재에도 존재하고 또한 지속되는 것을 말한다. 다시 말하면 유물이 단순히 객관적인 것인 데 대하여 전통은 항상 주관적으로 파악되는 것이다."

이와 같은 전통에 대한 정의를 토대로 전통민가를 정의하면 '과거 오랜 세월 동안 일반 백성이 살아오던 집 중에서 지금 현재에도 남아 있는 집'을 가리킨다. 이는 단지 과거 유물로서의 주택이 아니라 집 자체가 전통을 담고 있으면서 동시에 그 집에 살고 있는 사람들에 의해 그 전통이 유지되어 가고 있는 집'을 말한다.

따라서 각 민족의 전통민가라 함은 각 민족의 독특하고 고유한 전통 및 특징이 담겨 있는 전통적인 민간 가옥을 의미한다. 즉, 중국 조선족의 전통민가라 함은 조선족이 한반도에서 중국 만주지역으로 이주하던 때부터 지금까지 전해져 내려오는 조선족 고유의 문화적 특색이 담겨 있는 주택을 말하는 것으로 현대에 개량된 현대화된 주택이 아닌 조선족의 선조들이 지었던 방식 그대로 지어 내려오던 집들을 의미한다.

때문에 원래 살던 민족의 전통 가옥에 다른 민족이 들어와 주택의 외형이나 내부 구조의 변형 없이 살게 될 경우 그 민가는 새로 들어와 사는 민족의 민가가 되는 것이 아니라 원래대로 해당 민가를 건축한 민족의 전통민가가 되는 것이다. 즉, 과거 조선족이 지었고 조선족이 살던 만주지역의 전통민가에 한족이 들어와 살게 되었을 경우라도 변형이 가해지지 않았다면 이는 한족의 민가가 아닌 조선족의 전통민가가 되는 것이다. 하지만 다른 민족이 들어와 자신들의 문화에 맞게 주택의 외형이나 내부 구조를 바꾸었을 경우 이를 조선족 전통민가라 부를 수는 없다. 물론 이러한 분류의 기준에 따르자면 완전한 민족적 특색을 갖춘 전통민가를 찾아내기가 쉬운 일은 아니나 과거의 문헌과 전통민가의 전형을 토대로 각 민족의 전통민가로 구별한다.

3. 민가와 주거문화

주거의 기본적인 기능은 인간의 생활을 외부로부터 보호하는 피난처(shelter)로서의 역할이다. 인간은 주거 건축물에 의해 비와 바람, 더위, 추위 등의 자연력과 맹수, 독을 가진 동물, 적대 관계에 있는 인간 등 외계의 적들로부터 보호받아 여러 가지 행위를 원활히 해나갈 수 있다. 또한 사회생활을 영위하는 장으로서의 역할, 의례적·종교적 역할 등 주거는 여러 가지 기능을 동시에 가지고 있으며 사회나 지역에 따라 기능은 각각 다르다. 주거 건축물 안에서 행해지는 인간의 행동도 다양하여 수면이나 휴식뿐만 아니라 음식물의 조리, 식사, 육아, 재산 보호 등의 행위도 함께 이루어진다.

일반적으로 의식주에 관한 행위를 꾸려나가는 것을 생활이라고 하며, 특히 주거 건축물인 주택 내에서 이루어지는 행위를 주생활이라 한다. 의식주는 우리 인간 생활의 3대 요소로서 의생활, 식생활, 주생활로 구분하여 생각할 수 있으나 의생활이나 식생활도 대부분 주택 내에서 이루어지므로 넓은 의미로는 주생활에 포함되는 행위라고 생각할 수 있다. 주생활은 의식(衣食)뿐만 아니라 교육, 종교, 오락, 사교 등 모든 분야가 관계된다고 해도 과언이 아니다. 이처럼 주생활은 인간 생활의 가장 기본이 되는 생활 분야로 주거 공간 내에서 이루어지는 모든 물리적·생리적인 행동은 물론, 생활 감정을 포함한 심리적인 행동까지 포함된다고 할 수 있다. 이러한 행동들은 개인적인 생활 행위뿐만 아니라 가족 및 사회와 관련해 이루어지게 되며, 주거 공간은 주생활을 영위하기 위한 장소로 거기에는 여러 가지 장치나 도구가 정비된다.

주거 공간에서 이루어지는 주생활은 크게 일상생활, 의례, 가사노동 및 생산 활동 등으로 나누어볼 수 있다. 이러한 생활 분야의 차이에 따라 주거 공간의 배치를 달리하게 되고 때로는 똑같은 구조를 가지고 있는 공간일지라도 이러한 생활 목적의 차이에 의해 그 사용에 있어서의 차이를 보이게 된다.

주생활의 가장 대표적인 것은 일상생활이다. 사람이 하루 24시간을 생활함에 있어 먹고 자고 하는 것 외에도 기타 대부분의 생활이 바로 집에서 이루어지게 된다. 아침에 일어나서 씻고, 먹고, 배설하고 하는 일체의 행위들이 바로 일상생활인 것이다. 이를 위해서 가정마다 고유의 공간들을 마련해놓고 있다. 잠을 자거나 쉬는 공간인 침실, 음식을 하고 그 음식을 먹는 공간인 부엌 및 식당, 씻고 배설하기 위한 공간인 화장실 등이 그 대표적인 예이다. 이러한 주거 공간 내에서의 일상생활들은 인간이면 누구나 겪어야 하는 일로 그 어느 누구에게도 예외가 있을 수 없는 가장 보편적인 활동이다.

다음으로 의례이다. 주택은 인간들로 하여금 추위나 더위를 막아주고, 쉼터를 제공해주는 것 이외에 인간 생활에서 가장 중요한 의례를 행하는 중요한 장소이다. 인간이 다른 동물과 다른 점 중의 하나가 각자 고유의 문화를 가지고 있으며 문화생활을 할 수 있다는 것이다. 과거 동양사회에 있어 가장 중요시되어 왔던 관혼상제의 모든 생활 역시 집이라는 공간 속에서 이루어졌다. 즉, 성인 남녀가 가정을 이루어 자식을 갖게 되고 그 자식을 낳게 될 경우 아이를 낳게 되는 장소, 즉 지금의 병원에 해당되는 곳도 바로 집이었으며, 이들이 점차 자라면서 필요한 시기에 치르는 의식들도 바로 주거 공간인 집 안팎에서 행해졌다. 예를 들어 백일이라든가, 돌, 성인식, 결혼식이 행해진 곳이 바로 집이었으며, 이들이 이 세상의 삶을 마감하고 저승으로 가는 상례가 이루어지는 공간 역시 집이었다. 그리고 전통적인 유교 사상에 따라 조상들에게 제사를 지내던 곳도 집이었다. 이를 위해 가정마다 특정한 장소가 정해져 있었으며, 설령 특별한 장소를 갖추지 못하고 있을 경우라도 기존의 공간을 적절하게 활용하여 이러한 의식을 치렀다.

또한 주생활의 중요한 부분 가운데 하나는 가사노동 및 생산 활동과 관련된 것이다. 지금과는 달리 과거에는 주생활과 생산 활동의 공간이 서로 분리되지 못한 상태로 있었다. 특히 농사를 짓는다거나, 어업 또는 수렵활동을 하는 사회의 경우 대부분의 주택에는 이러한 생산 활동과 밀접한 관계를 지니는 시설들이 구비되어 있었다. 예를 들어, 논농사나 밭농사를 짓는 가정의 경우 집의 일정한 공간에 이들 농작물을 수확하고 탈곡하여 겨울을 날 수 있도록 저장하는 저장시설들이 갖추어져 있다. 이러한 생산 활동과 관련된 공간은 거주하는 건물에 포함되어 있을 경우도 있었고 경우에 따라서는 주거 공간 밖에 따로 설치한 경우도 있었다.

마지막으로 주거 공간의 역할 중 또 다른 하나가 종교의식과 관련된 것이다. 과거 동양사회에서 대부분의 인간은 자연신을 숭배하고, 그들과 더불어 삶을 유지하려고 하였다. 그 때문에 인간 생활의 대부분을 차지하는 공간이 주택 안에 여러 가지 신을 모시고, 그들에 의해 자신들의 가정이 보호받기를 기원하였다. 이렇게 하여 만들어지고, 치러지게 되는 것이 가신에 대한 숭배요, 제사이다. 주위의 자연신에 대한 숭배는 이들 신에 대한 제사뿐만 아니라 주택 곳곳에 금기를 만들게 되었는데, 이렇게 함으로써 항상 몸가짐을 조심하게 되어, 인간들이 신의 섭리 또는 자연의 섭리에 거스르지 않도록 하였다.

4. 주거문화 관련 이론

환경 결정론(Environmental Determinism)

환경 결정론은 인간 생활양식이 필연적으로 환경의 여러 현상에 의하여 결정된다고 보는 지리학 이론으로 환경 가능론에 대립되는 개념이다. 환경 결정론에 따르면 다양하게 나타나는 인간의 지역적 생활양식은 인간의 자유로운 선택에 의하여 결정되는 것이 아니라 기후·지형·식생(植生)·수계(水系) 등 자연환경의 결정적 작용으로 형성되었다고 본다. 이는 독일의 지리학자 프리드리히 라첼(F. Ratzel)이 체계화한 것으로, 그는 인간 역할의 능동성과 수동성을 인정하여 극단적 환경 결정론을 주장하지는 않았다. 그 뒤 미국의 여성 지리학자인 엘렌 셈

플(E. C. Semple)은 '인간은 지표의 산물'이라고 하여 한층 강화된 환경 결정론을 주장하였다. 미국의 지질학자 엘즈워스 헌팅턴(E. Huntington)은 기후의 결정적 역할을 중시하였으며, 테일러(E. G. R. Taylor)는 '중단과 전진의 결정론'을 정립하여 인간은 국가의 발전을 가속·지연·정지시킬 수 있으나 자연환경이 지정한 방향에서 벗어나서는 안 된다고 주장하였다.

환경 결정론은 원래 지리적인 환경의 영향을 받게 된다는 지리환경 결정론을 의미하는 것으로 이는 자연환경이 사회발전의 결정 요인이 된다는 주장이다. 환경 결정론의 기본적인 관점은 자연환경, 특히 기후와 지형은 문화 형성의 핵심적인 원인이 된다는 것으로 '사람은 기본적으로 자연환경의 소산물로, 사람은 자연에 의해 만들어진 피조물'이라는 것이다.

추운 지방에 사는 사람들은 거칠고, 더운 지방의 사람들은 온순하나 근면하지 못하다고 말하는 것과 인간의 길흉화복(吉凶禍福)이 산세(山勢), 지세(地勢), 수세(水勢)와 밀접한 관련이 있다고 생각하는 풍수지리사상 등이 그 대표적인 예이다. 환경 결정론에 따른 주택의 차이를 예로 들면 겨울이 길고, 추운 지방의 가옥 구조는 폐쇄적이고, 바람이 많이 부는 지역의 주택의 지붕과 비가 많이 오거나 눈이 많이 내리는 지역의 주택의 지붕은 서로 다르게 만들어진다. 바람이 많이 부는 지역의 지붕은 바람에 날려가지 않도록 재료나 건축방법에서도 신경을 쓰지만 무엇보다도 지붕을 낮게 설치하고, 평평하게 함으

로써 바람의 저항을 최대한 덜 받도록 한다. 하지만 비가 많이
오는 지역이나 눈이 많이 오는 지역에서는 반대로 지붕의 경사
를 급하게 함으로써 비나 눈이 쉽게 지붕에서 밑으로 떨어질
수 있도록 지붕을 설계한다.

　이렇듯 환경 결정론은 주어진 자연환경과 인간 생활과의 관
계에 있어 자연환경의 역할을 강조하여 자연환경이 인간의 생
활 및 문화를 결정한다는 이론으로 주택의 형태 및 주택을 지
을 때 사용하는 재료들을 탐구할 때 유용하게 작용한다.

환경 가능론(Environmental Possibilism)

　환경 가능론은 프랑스의 사회경제학자이자 역사학자인 페브
르(L. Febvre)가 1922년 Ratzel의 환경 결정론을 비판하면서 명
명한 것으로서, 환경은 인간의 역사 운동 방향을 유일하게 결
정하는 것이 아니고 그것은 인간이 자유 선택할 수 있는 많은
기회를 준다는 점, 즉 환경이 인간에게 어떤 가능성을 부여하
는 존재라고 주장한 것에서 기인한 것이다.

　환경 가능론은 환경과 인류 생활과의 관계에서 능동적인 작
용을 중시하는 견해로, 프랑스의 지리학자 블라슈(P. Blache)
등은 자연의 영향을 수동적으로 보고, 동일한 자연환경에서도
이용하는 인간의 문화 수준에 따라 그 영향이 달라진다고 보았

다. 즉, 환경이 인간에게 특정 조건을 제공함으로써 일정한 방향이 필연적으로 결정되는 것이 아니라, 환경은 다만 인간에게 자유로운 선택의 '가능성'을 제공할 뿐이라는 것이다.

환경 결정론과 환경 가능론의 차이점을 비교해보면 환경 결정론은 인간의 지역적인 생활양식이 인간의 자유 선택에 의한 것이 아니라 외적인 기후, 지형, 식생 등의 자연환경에 의해 필연적으로 결정된다고 본다. 하지만 환경 가능론은 각 지역에서 볼 수 있는 인간 활동의 특색은 자연환경에서 가능한 범주 내에서 인간 스스로가 자유롭게 선택한 결과 생겨난 것이라고 본다. 환경은 자연환경과 사회(인문) 환경으로 나눌 수 있는데, 환경 가능론이나 환경 결정론에서의 환경이란 자연환경만을 의미한다.

환경 가능론이 적용되는 예를 설명하자면 산림지역에 거주하는 사람들은 본래 농업을 생계수단으로 하지 않고, 전통적으로 산에 있는 과일을 따서 먹거나, 수렵해서 생활을 유지하였다. 반대로 평야지대에 살던 사람들은 수렵을 하거나 주어진 열매를 따 먹고 사는 대신 평야지대에 있는 곡식들을 주식으로 하며 생활하였다. 하지만 이러한 자연환경에 의한 삶의 방식이 시간이 지나면서 인간들 서로의 필요에 의해 평야지대에 사는 사람들도 산에 살던 짐승들을 집에 가두어 기르기도 했고, 산림지역에 사는 사람들은 산을 개간하여 그곳에 곡식이나 과일들을 심어 먹었다. 이렇듯 과거 인간들이 자연환경의 영향에 절대적으로 복종할 수 없던 그 시기를 벗어나 인간들이 그 자연을 선택하고 나름대로 자연환경을 이용하여 인간에게 필요한 문화 및 생활방식을 만들어내게 된 것이다.

이렇듯 환경 가능론은 인간과 환경과의 관계에 있어 환경 결정론적인 관념에 입각한 수동적인 역할에서 벗어난 인간의 능동적이고, 주체적인 역할을 강조하였다. 이처럼 환경 가능론은 인간의 생활방식은 환경에 의해 결정되기도 하지만 그것이 전부가 아니라 주어진 환경을 스스로 선택할 수 있다는 인간의 선택과 적용 능력을 강조하는 이론이다.

문화 결정론(Cultural Determinism)

인간의 생활방식으로서의 문화, 즉 태도, 목적, 기술 등이 사회나 지역의 변화와 발전을 가져오는 결정적인 힘이라고 보는 입장을 문화 결정론이라 하며 미국의 문화 지리학자인 사우어(C. Sauer)가 주장하였다. 경제 결정론이 문화 결정론의 그 대표적인 예이다. 문화 결정론은 자원의 적극적 이용을 통하여 경제 및 지역 발전 등 근대화에 많은 기여를 하였으나, 한편으로는 자원 남용과 환경 파괴 등의 문제도 일으켰다. 문화 결정론은 자연을 변형, 이용하는 인간의 행동은 그들이 지닌 문화적 배경에 의해서 결정된다는 입장이다.

문화 결정론이 적용되는 예를 들면 벼농사를 주생활로 하던 한국인들이 기후 조건이 다른 만주나 중앙아시아로 이주해서도 벼농사를 하게 되는데 이는 만주나 중앙아시아 지역이 벼농사를 짓기에 적합한 조건을 가지고 있기 때문이 아니라, 한국인들의 본래적인 문화, 즉 농경문화가 지역의 이동에도 불구하고 지속되는 것이다. 한편 미국에서는 '골드러시(Gold Rush)' 이후 많은 이주민이 캘리포니아 지방에 정주하였다. 똑같은 장소에 정착한 각기 다른 민족은 과거 자신들의 문화에 따라 삶을 지속적으로 유지했는데, 라틴 계열은 지중해식 농업, 튜턴 계열은 혼합 농업, 남방계 중국인은 벼농사, 북방계 중국인은 밭농사를 주로 하는 등, 자기 문화권에서 하던 농경 형태를 그대로 유지하며 생활하였다. 또 다른 예로 말레이시아의 원주민인 말레이인은 주로 벼농사를 하였다. 19세기 후반 영국인에 의하여 고무 플랜테이션 농업과 주석이 개발되었다. 이때에 중국과 인도에서 계약 노동자가 들어왔으며 그 후손 중 어떤 사람은 농민이 되었다. 중국인은 벼농사, 고무 재배 외에도 집약적인 채소 경작과 돼지 사육 하였으며 인도인들은 우유를 얻기 위하여 젖소를 길렀다. 하지만 말레이인들은 이슬람교도로 돼지를 기르지 않으며 말레이인이나 중국인은 젖을 짜는 가축을 사육하지 않았다.

이처럼 인간과 자연 및 주위환경과의 관계에서 환경에 상관없이 인간들이 기본적으로 가지고 있는 문화요소가 그들의 삶을 결정한다는 이론이 바로 문화 결정론이다. 이러한 문화 결정론은 인간은 개인으로 존재하는 것이 아닌 사회 속에서 문화의 영향을 받으며 사는 존재라는 점이 강조되는 것으로 자칫 인간의 자발적인 의지와는 별개로 그 사회 문화의 영향을 지나치게 강조하는 문제점도 동시에 가지고 있다.

문화 생태론(Cultural Ecology)

문화 생태론은 생물들 간의 관계 및 생물의 생활 상태와 환경과의 관계를 과학적으로 연구하는 생물학의 한 분야인 생태론에서 기원한 것으로, 기본적으로 인간 집단과 환경 사이의 상호 관계에 초점을 맞추어 사회와 문화체계를 주어진 환경조건에 '적응'한 결과로 설명하고자 하는 생태학의 특수 분야이다. 이때 '적응'이란 의미는 생물학에서 언급하는 것으로서 항상성을 유지시켜 주는 개체의 반응이라는 의미와 세대를 반복하면서 적자생존으로 나아가는 진화적 변화라는 의미를 동시에 가지고 있다.

하지만 문화 생태론에서 문화적 적응이란 인간 집단들이 삶을 영위하기 위한 관념과 테크닉을 변화시키는 방식과 그렇게 함으로써 최상의 삶을 영위할 수 있는 방법을 획득하는 것을 말한다. 다시 말하면 문화적 적응은 최적의 삶을 가능케 하는 문화적 형식과 양태, 그리고 조직체계를 세워가는 것을 말한다

고 하겠다.5)

문화 생태론은 지역의 개성은 인간과 자연이 어떤 한쪽에서 다른 한쪽으로 일방적인 영향을 주는 것이 아니고 서로 주고받는 관계에서 결정된다고 보는 이론으로 미국의 인류학자 줄리언 스튜어드(J. H. Steward)가 주장하였다. 문화 생태론은 인간이 환경에 어떻게 적응해나가는가 하는 문제를 주로 다루며, 그 때문에 문화 진화론으로 불리기도 한다.

문화 생태론에서는 인간을 생물학적 진화의 산물 중, 환경에 대해 능동적으로 대응해나가므로 특이한 존재로 본다. 적응의 과정에서 자신과 환경 사이에 문화라는 중간 상징들을 놓고 환경에 대해 직접 반응하는 것이 아니라 문화의 장치에 한 번 통과하여 반응한다. 따라서 환경은 문화적으로 수정된 환경이라 말할 수 있고, 자연환경은 점차 문화적 환경으로 변해간다. 문화를 통하여 환경구조 자체를 변화시킬 수도 있으므로 환경 결정론이라기보다는 환경 가능론이 더 타당하다. 또 적응을 분석해나가는 과정상 기술과 경제를 강조하게 되며 물질주의로 흐르는 경향이 있다.

이를 요약하면 문화 생태론은 결국 문화가 어떻게 주위 환경을 분류하고 개념화하는가를 연구한다. 요컨대, 문화 생태론은 인간과 무관한 자연환경 자체가 아니라 인간 사회의 문화와 밀접한 연관성을 가지는 모든 자연적 환경 요소들 간의 유기적 결합관계와 그것들 사이의 변화와 발전 등의 문제에 주목하여

이를 생태학적 시각에서 연구하는 분야이다. 이 문화 생태론에
서 논의되는 핵심적인 문제는 무엇보다도 인간의 문화체계와
요소, 문화핵심(cultural core), 그리고 행동과 환경 사이의 상호
적응관계에 있다. 그리고 여기에서 인간 사회문화의 방향은 환
경에 적응함으로써 환경과 균형, 조화를 유지하고 항상성을 유
지하도록 진화하는 방향성을 가진다는 점이다.

따라서 문화 생태론을 민가와 주거문화 연구에 적용하기 위
한 가능성을 보면 민가 주위의 환경요소, 즉 기후풍토, 지형특
성 등이 민가의 형태를 갖추는 데 어떻게 영향을 끼치게 되는
가와 이와는 반대로 인간이 환경에 적합한 민가의 설계를 어떻
게 하는가에 대한 해답도 제시해줄 수 있다.

제 3장

만주족 전통민가의 특징

1. 주거형태의 변화

　만주족(滿洲族)은 현재 중화인민공화국을 구성하고 있는 56개 민족 가운데 하나이다. 그들은 스스로를 '만주(滿洲)'라고 부르는데, 이는 만주어로 '길하고 상서롭다(吉祥)'는 뜻이다.

　1911년 신해혁명 이후 중국 정부에서는 만주족을 만족(滿族)이라는 이름으로 부르고 있다. 2000년 통계 기준으로 만주족의 인구는 1,068만 명으로, 중국의 55개 소수민족 가운데 인구의 비율로는 1,700만 명인 장족(壯族)에 이어 두 번째이다. 현재 만주족의 절반 이상인 약 540만 명 정도가 중국 만주지역인 랴오닝성(遼寧省)에 210만 명 정도가 허베이성(河北省)에 거주하고 있으며, 그 외에도 베이징(北京), 지린성(吉林省), 네이멍구(內蒙古), 헤이룽장성(黑龍江省) 등에 흩어져 살고 있다.

현재 중국 정부는 소수민족정책의 일환으로 소수민족의 집단 거주 지역을 자치구, 자치주, 자치현 등으로 지정하여 관리하고 있는데, 만주족의 주요 집단 거주 지역으로는 랴오닝성의 슈옌(岫岩), 펑청(鳳城), 신빈(新賓), 청룽(靑龍), 펑닝(豊寧) 등의 만주족 자치현과 그밖에 약간의 만주족 향(滿族鄕)이 있다.

만주족은 중국 역사상 유일하게 중원지역에 두 번씩이나 왕조를 세웠던 민족으로 통치 기간은 여진족의 금(金)과 만주족의 청(淸)을 합하여 약 400여 년에 이른다. 이러한 만주족의 역사는 오래되어 그 연원은 기원전의 상(商)나라 및 주(周)나라 때까지 거슬러 올라갈 수 있다. 하지만 중국 사서에 처음으로 등장하는 만주족의 선조와 관련된 기록은 진(秦)나라 때의 숙신인(肅愼人)이다. 숙신인은 한(漢)나라 이후에는 중국 역사서에 서로 다른 이름으로 기재되어 있는데, 한(漢)과 삼국시대의 읍루(挹婁), 북조(北朝)시대의 물길(勿吉), 수(隨)·당(唐)시대의 말갈(靺鞨), 요(遼)·송(宋)·원(元)·명(明)시대의 여진(女眞 또는 女直) 등이 바로 만주족의 선조들을 일컫는 서로 다른 명칭이다.6) 이들은 현재 중국 정부가 동북지역(東北地區)으로 부르는 '백산흑수(白山黑水)', 즉 백두산 북쪽, 헤이룽강(黑龍江) 중하류, 우수리강(烏蘇里江) 유역으로부터 서쪽의 랴오닝성(遼寧省)에 이르는 드넓은 만주지역에서 수천 년 동안 그들만의 고유한 문화를 꽃피우며 살아왔다.

만주족은 1636년 청나라를 건국하고 1644년 산해관(山海關)을 넘어 중원을 통치하기 시작한 이래 줄곧 자신들이 만주족이라는 민족적 자긍심을 버리지 않았으며, 이는 1912년 청나라가 멸망할 때까지 지속되었다. 청나라 건국 이전 만주지역을 무대로 활동해 오던 만주족의 기층문화는 청나라 건국 이후에도 청의 황실 문화에 흡수되었으며, 전통 주거문화 역시 청 황궁의 건축물 및 주거 생활에 고스란히 반영되었다.

여느 민족과 마찬가지로 만주족의 선조들 역시 처음에는 기존의 천연 동굴이나 나무 구멍 등을 이용하여 맹수의 위협으로부터 보호하고, 더위와 추위를 피하는 생활을 하였다. 그러다 점차 정착 생활을 하게 되면서 오랫동안 한곳에 머물 장소가 필요하게 되었고, 그에 따라 주거지가 만들어졌는데, 이때 처음으로 만들어진 인공적인 주거 형태가 바로 나무 위에 둥지를 짓고 사는 오두막집(巢居), 땅 표면에서 수직으로 구덩이를 파고 그 위에 거적을 덮고 사는 움집(竪穴居)이다.

기록에 의하면 만주족의 선조인 숙신인(肅愼人)들은 여름에는 습기와 맹수 및 벌레의 위협으로부터 안전을 확보하기 위해 큰 나무의 갈라진 곳에 새가 하듯이 나뭇가지와 나뭇잎을 이용하여 둥지를 만들어 생활하였다. 이들은 낮에는 나무에서 내려와 수렵이나 채집 활동을 하였고, 밤에는 나무 위의 둥지에서 잠을 잤다. 또한 겨울에는 추위로 인해 나무 위에서 더 이상 생활할 수 없었던 탓에 추위를 막는 데 유리하도록 땅에 수직으로 구덩이를 파고 그 속에서 생활하였다.[7]

읍루인(挹婁人)들도 숙신인들과 마찬가지로 여름에는 나무 위에서, 겨울에는 구덩이를 파고 그 속에서 생활을 하였는데, 읍루인들은 숙신인들에 비해 좀 더 발전한 형태의 움집 생활을 하였다. 숙신인과 읍루인은 모두 땅에 구덩이를 파고 사는 움집 생활을 했다는 공통점을 가지고 있으나, 읍루인과 관련된 중국 역사서의 기록에 구덩이의 깊이가 깊을수록 귀하게 여기는 풍속이 있고, 여러 사람이 함께 살고 있었던 것으로 보아 가족이나 씨족 단위로 움집을 짓고 그곳에서 공동생활을 하였음을 짐작할 수 있다.8)

물길인(勿吉人)과 말갈인(靺鞨人)은 숙식인과 읍루인보다 좀 더 발전한 주거 형태를 가지고 있었는데, 이들은 지표면으로부터 1~2미터 깊이의 구덩이를 파고, 그 위에 나뭇가지를 서로 엮어 뼈대를 만든 후, 그 위에 풀과 진흙으로 지붕을 만들어 덮은 무덤 형태의 반지혈식(半地穴式) 움집을 짓고 살았다. 이 반지혈식 움집은 입구가 위에 나 있어 사다리를 이용하여 출입하였다.9)

요·금 시기(10~13세기)에 이르러 여진족(女眞族) 사회는 농업과 목축업이 발달하게 됨에 따라 한곳에 정착하는 생활을 하기 시작하였다. 이 시기부터 여진족 사회에는 땅을 파고 주거 생활을 하던 기존의 수혈식 또는 반지혈식 움집 형태의 주거방식에서 벗어나, 땅 위에 건축물을 짓고 그곳에서 생활하는 지상주거, 즉 지면주거가 나타나게 되었다. 이때 여진족은 산 계곡에서 바람을 등지고 볕이 잘 드는 장소를 선택하여 자작나무 껍질(樺皮)로 벽과 지붕을 덮은 집을 만들어 생활하였다. 이처럼 여진족의 주거방식이 땅에 굴을 파고 사는 움집에서 땅 위에 집을 짓고 사는 지상주거로 바뀌게 되면서 추위를 이겨내기 위한 수단으로 온돌을 보편적으로 사용하게 되었다.[10]

하지만 이때까지도 여진족의 민가 건축은 완전한 여진족만의 민족적 특색을 갖추지 못한 것이었고, 본격적으로 만주족 특색을 갖춘 주택들이 나타나게 된 것은 여진족이 만주족으로 발전해가는 시기부터 청나라 초기 만주족이 중원으로 들어가기 이전인 1600년대 초로 볼 수 있다. 이 시기에 들어서면서 만주족 민가는 주택의 외형, 내부 구조, 공간의 배치 및 건축 재료의 사용 등에 있어 만주족 고유의 건축 특색을 지니게 되었다.

이후 1644년 만주족이 산해관(山海關)을 넘어 베이징에 들어가 한족과 함께 섞여 살게 되면서 만주족의 민가 건축은 한족 건축물의 영향을 받게 되었고, 이때부터 만주족의 전통민가는 기존의 만주족 고유의 형식에 한족의 형식을 접목한 보다 종합적인 형태의 건축물로 변형되었다. 특히 청나라 말기 만주지역에 대한 봉금령이 해제되고, 한족이 대거 만주지역으로 몰려들게 됨에 따라 만주지역에는 만주족과 한족이 서로 섞여 살게 되는 상황이 전개되었고, 이로 인해 한족과 만주족이 문화적인 영향을 서로 주고받는 가운데 민가의 양식 및 주거문화에 있어서도 이전과는 달리 많은 변화가 생기게 되었다.

2. 택지(宅地) 선택

　만주족의 집 자리 선택은 크게 3단계로 변화되었다. 초기에
는 산지에 집을 짓던 것에서 점차 낮은 언덕에 집을 짓는 것으
로, 그리고 이후에는 평원에 집을 짓는 방식으로 변해왔다. 이
는 만주족의 생활 터전이 산간지역에서 평야지대로 이동하게
되는 것과 관련이 있는 것으로, 만주족의 집 자리 선택의 변천
모습은 만주지역의 옛 궁궐터에서 확인할 수 있다.

　청나라의 최초의 수도였던 페이알라성(佛阿拉城)은 현재 랴
오닝성 푸순시 신빈현(遼寧省撫順市新賓縣) 영릉(永陵) 남쪽
의 이도자하(二道子河) 부근에 위치하는데, 사방이 산으로 둘
러싸여 있고 양쪽으로 물이 흐르고 있다. 이 성의 주요 부분은
산 위에 지어져 있는데, 페이알라성 외에도 당시 누르하치가

군사적인 목적에 의해 쌓은 성은 모두가 산 위에 쌓아 올린 것들이다.

홍경(興京) 헤투알라성(赫圖阿拉城)은 만주어로는 '가로로 긴 언덕(橫崗)'을 뜻하는데 정상이 평평한 산언덕이다. 페이알라성처럼 이 언덕 역시 산허리에서 앞으로 툭 튀어나온 형태를 하고 있는 커다란 대지(臺地)이다. 대지의 북쪽과 동서 양면은 페이알라성에 비해 넓고 깊은 특징을 지니고 있다. 헤투알라성은 원래 누르하치의 조상이 거주하던 지역으로, 1603년 누르하치가 이곳으로 천도하면서 만주족이 흥기(興起)한 장소가 되었다.

동경성(東京城)은 랴오양성 태자하(遼陽城太子河) 좌측의 구릉지대이다. 이 지역은 랴오허(遼河) 평원과 랴오양(遼陽) 산지가 서로 만나는 지점에 위치하는데, 사방이 비교적 넓게 트여 있으며, 5~10리 사이에 비교적 큰 산이 위치하고 있다. 동경성은 평지에 성을 쌓았는데 성의 중앙에 타원형의 흙산이 있고, 산의 면적은 성 전체의 3분의 1에 해당한다.

성경성(盛京城)은 천명 10년(1625) 누르하치가 선양으로 천도한 후 지은 이름으로 선양의 평원 지대에 위치하고 있다. 그러나 성경성은 과거 만주족이 산에 의지해서 집을 짓고 살던 풍습에 따라 궁전이 궁(宮)은 높은 자리에 위치하고 전(殿)은 낮은 자리에 위치하도록 궁궐의 부속 건물을 배치하였다.

이상에서 볼 수 있듯이 페이알라성은 산 위에 지었고, 홍경성은 주위보다 약간 높은 위치의 평평한 대지(臺地) 위에 축성되었으며, 동경성은 구릉 위에, 성경성은 평원에 지었다. 이처럼 초기 산악지대에서 생활하던 만주족이 통일을 이루어가고, 중원에 점차 가까워지면서 건축물을 짓는 집 자리를 선택하는 위치가 산에서 큰 언덕으로, 그리고 구릉으로, 다시 평원으로 바뀌게 되었다.

한편 만주족 촌락의 지세 선택은 자연에 순응하는 매우 자연스러운 형태로, 강, 호수 등의 연안이나 산언덕 앞의 양지 바른 지역, 그리고 어떤 것들은 도로를 따라 집을 지었다. 이는 모두 만주족의 생활의 편리성을 추구하는 습성과 밀접한 관계가 있다. 만주족 농촌 촌락의 일반적인 배치는 몇몇 가족이 먼저 집을 지은 이후에 그것을 따라 다른 가족의 민가들이 차례대로 지어지면서 자연스럽게 만들어진 것이다. 초기 만주족 민가의 양식은 일반적으로 자유로운 형태를 취하면서도 약간의 규율이 있었는데, 그것은 바로 햇볕이 드는 방향으로 집을 짓는 것이었다. 이 때문에 촌락의 집들은 모두가 해가 드는 쪽으로 나란하게 위치하게 되었으며 이후 만주족 촌락 배치의 특징이 되었다. 이 외에도 만주족 민가의 집 자리 선택에 있어서는 풍수 문제도 고려되었다.

3. 촌락의 형태

군산일체(軍産一體)의 요새 마을

만주족의 촌락은 크게 만주족 선조들이 살던 초기의 촌락과 청대 이후의 만주족 촌락으로 분류할 수 있다. 만주족 촌락은 생산의 발전과 사회문화의 차이에 따라 촌락의 배치와 형식이 달랐지만 모두 만주족 고유의 특색을 간직하고 있었다.

초기의 만주족 촌락은 '무쿤(穆昆)'이라 불리는 씨족별로 모여 사는 주거지로, 대부분 씨족의 표시인 토템 폴(totem pole·새 모양, 짐승 머리 모양 등 토템의 모양을 새긴 기둥)을 가지고 있었다. 일부 씨족은 오색의 깃발이 씨족을 상징하는 역할을 하였는데, 깃발의 끝에 해당 씨족이 숭배하는 신령스러운 짐승이나 영험

한 새를 수놓기도 하였다. 이와 관련하여 일부 씨족은 깃대의 꼭대기에 사람, 호랑이 등의 발바닥뼈를 장식으로 달아 천하를 주재하는 절대자를 상징하기도 하였다.

이러한 초기의 촌락은 대부분 산기슭에 자리하고 있었는데, 일반적으로 원시 씨족에서 발전해온 가족별로 모여 살았다. 이 촌락은 맹수들로부터 사람과 가축들을 보호하기 위하여 집집마다 담을 둘렀다. 이 시기 만주족 촌락에서는 짐승으로부터의 방어를 위해 저녁이 되면 횃불을 곳곳에 설치하여 아침이 될 때까지 불을 밝혔다. 그리고 맹수가 나타나면 이를 발견한 자가 호각을 불고 다른 사람들은 함께 함성을 질러 맹수들이 놀라 도망가도록 하는 일을 매일 밤마다 하였다.

이처럼 만주족은 전통적으로 집단적인 힘으로 맹수와 외적을 제어하였는데, 이러한 전통은 그들이 모여 사는 촌락의 배치에도 영향을 끼쳤다. 당시 만주족의 촌락은 촌락의 둘레에 나무와 흙으로 이중의 담을 쌓아 견고한 성벽을 만들어 촌락을 군사와 생산이 일체된 하나의 'hotong(霍呑 또는 霍通)'이라 불리는 작은 성(城堡)으로 만들었으며, 이로 인해 당시의 씨족, 부락의 수령은 성주(城主)라는 명칭으로 불렸다.

박지원의 『열하일기(熱河日記)』에는 청나라 건륭제 시기 연경에 가는 조선의 사절단이 보고 들은 것들이 기록되어 있는데, 이 책에서는 박지원이 나무 울타리로 둘러싸인 만주족의 마을에 들어섰을 때 본 풍경을 다음과 같이 묘사하고 있다.

"나무 울타리 밖의 산에는 돼지와 양이 가득하였고, 아침의 연기가 피어오르고 울타리 사립문은 거적으로 덮여 있었으며, 나무판으로 된 문은 굳게 닫혀 있었다. 사립문 밖에 이르러 사립문 안을 보니 지붕에도 거적이 덮여 있고, 용마루가 높고, 창호들이 가지런했다. 도로의 양옆은 평탄하고 곧았으며, 벽들은 모두 벽돌들로 축조되어 있었다. 마차들이 종횡으로 다니고, 그림이 그려진 도자기들이 즐비한 것이 시골의 모습은 아니더라. 울타리 내에는 이삼십 호의 민가가 있으며, 모두 생기가 넘쳤다."

이는 랴오둥(遼東) 봉황산 일대의 만주족 촌락과 주택을 묘사한 것으로 여기서 알 수 있는 당시 만주족 마을의 특징은 촌락 전체가 울타리로 둘러싸여 있고, 주택은 산을 등지고 물을 가까이하고 있으며, 주택은 높고 컸으며 정원은 넓었다는 사실이다.

세대별 거주 마을

사회가 발전해감에 따라 만주족의 주택은 금나라 때의 비교적 허술한 형태의 'nageli(納葛里)'에서 점차 높고, 크고, 넓은 만주족 전통의 가옥들로 발전하게 되었으나, 주거 풍습은 여전히 촌락과 연관되어 있었다. 초기 만주족 선조들의 주거는 씨족이 부락과 서로 긴밀하게 연결된 형태의 옛 마을이었는데,

군민일체(軍民一體)의 팔기제의 영향을 받은 이후 여러 씨족이 함께 모여 살던 주거 풍습에 변화가 생겨 세대를 거주 단위로 하는 주거 형태가 생겨났다.

당시 만주족 주택은 사방을 담으로 둘렀는데, 부잣집에서는 벽돌을, 가난한 집에서는 나무 울타리를 둘러 뜰을 만들었다. 팔기(八旗)의 통치하에서는 호(戶)를 거주 단위로 하는 '둔(屯)'이라 불리는 거주지가 옛날의 작은 성의 모습을 한 촌락을 대체하게 되었다. 각 '둔(屯)'에는 30~80호의 집이 있었으며, 100여 가구가 넘는 '대둔(大屯)'도 있었다.

'둔'의 대로는 집들이 서로 연결되어 자연적으로 형성된 것이다. 정원과 정원, 집과 집들이 서로 이어지며 자연스럽게 마을이 형성되었으며 '둔'과 '둔' 사이의 길은 보통 수십 킬로미터가 되었으며 교통수단은 주로 말이나 말이 끄는 수레를 이용하였다.

팔기 병영 마을

만주족 마을의 독특한 형태 가운데 하나는 바로 팔기군의 군사 조직에 따라 집단 거주지가 정해지는 것이었다. 청나라 군대가 산해관(山海關)을 넘어 베이징으로 들어온 이후 베이징에 주둔하던 경사팔기(京師八旗)의 만주족에게는 자신들이 소속된 기적(旗籍)에 따른 주둔지에 거주하도록 하는 엄격한 규정이 있었다.

『八旗通志分志・八旗方位』에 기재된 내용을 보면 "양황기(鑲黃旗)는 안정문(安定門) 내에 거주하고, 정황기(正黃旗)는 덕승문(德勝門) 안과 북쪽에 거주하며, 정백기(正白旗)는 동직문(東直門) 내에, 양백기(鑲白旗)는 조양문(朝陽門) 내와 동쪽에, 정홍기(正紅旗)는 서직문(西直文) 내에, 양홍기(鑲紅旗)는 부성문(阜成門) 내와 서쪽에, 정람기(正藍旗)는 숭문문(崇文門) 내에, 양람기(鑲藍旗)는 선무문(宣武門) 내와 남쪽에 거주한다"고 되어 있다.

이처럼 당시 경사팔기에 속한 만주족은 자신이 속한 팔기에 따라 거주지(滿城 또는 滿營)가 정해져 있었는데, 경사팔기의 만주족은 허락을 받지 않고는 성에서 40리 밖으로 나갈 수 없었고, 이들을 보호하기 위해 주둔하는 군인들은 성에서 20리 밖으로 나가지 못하도록 하였다. 이처럼 베이징의 만주족 거주 지역은 명확한 군사적인 성질을 띠고 있어 원래의 씨족적인 요소는 매우 적었으며 주거지를 옮길 때에는 반드시 청나라 조정의 허락이나 명을 받아야 했다.

씨족 마을

만주족이 청나라를 세우고 중원으로 진출한 이후 만주지역에 남은 만주족은 비록 군사조직인 팔기에 편입되기는 하였으나 이 지역에는 실제로는 청 황실의 제사에 쓰일 희생물을 잡거나, 물고기를 잡거나 혹은 농경 등의 생산 활동에 종사하는 사람들이 매우 많았다. 따라서 촌락의 구성 방식도 만주족 선조들 만주족 선조들의 '담장을 연결하여 거주하기', '성을 쌓아 마을을 둘러싸기' 등의 주거방식은 거의 사라졌으나 씨족끼리 모여 촌락을 형성하고 이들이 함께 모여 사는 것은 보편적인 현상이었다.

특히 1912년 청나라가 멸망하고 중화민국이 수립되고, 만주족의 독특한 사회조직인 팔기제가 해체되면서 만주지역에 거주하는 만주족을 중심으로 씨족별로 모여 사는 경우가 점차 늘어났다. 그러다가 하나의 촌락에 몇 개 만주족 성씨의 씨족들이 서로 함께 거주하며 형성되었는데, 이로 인해 두 성씨가 모여 사는 '양가자(兩家子)', 세 성씨가 모여 사는 '삼가자(三家子)' 등의 촌락 명칭이 생겨나게 되었다. 이러한 씨족 마을(氏族村)에서는 집안 제사, 족장 선거 등 옛날 풍습이 지속적으로 이어져 현재에 이르고 있다.

4. 민가의 건물 배치

　만주족의 전통민가는 본채(正房)와 창고로만 이루어진 초가 삼간인 경우도 있지만 일반적으로는 본채(正房)와 이에 딸린 두 개의 행랑채(箱房)로 이루어져 있다. 만주족의 주택은 보통 남향으로 짓는데, 북쪽의 중앙에 위치하는 본채와 이를 중심으로 행랑채가 서쪽과 동쪽 양쪽으로 길게 마주보고 있다. 본채와 행랑채의 공간 배치는 'ㄷ' 자를 시계방향으로 90도 돌려놓은 모양을 하고 있는데, 본채 앞 마주보는 정중앙에 대문이 위치하여 민가 전체가 직사각형 모양인 사합원(四合院)의 형태를 이루고 있다.

　만주족 민가의 일반적인 건물 배치를 보면 우선 북쪽 중앙에 남쪽을 바라보고 있는 본채가 위치한다. '정방(正房)'이라고 불

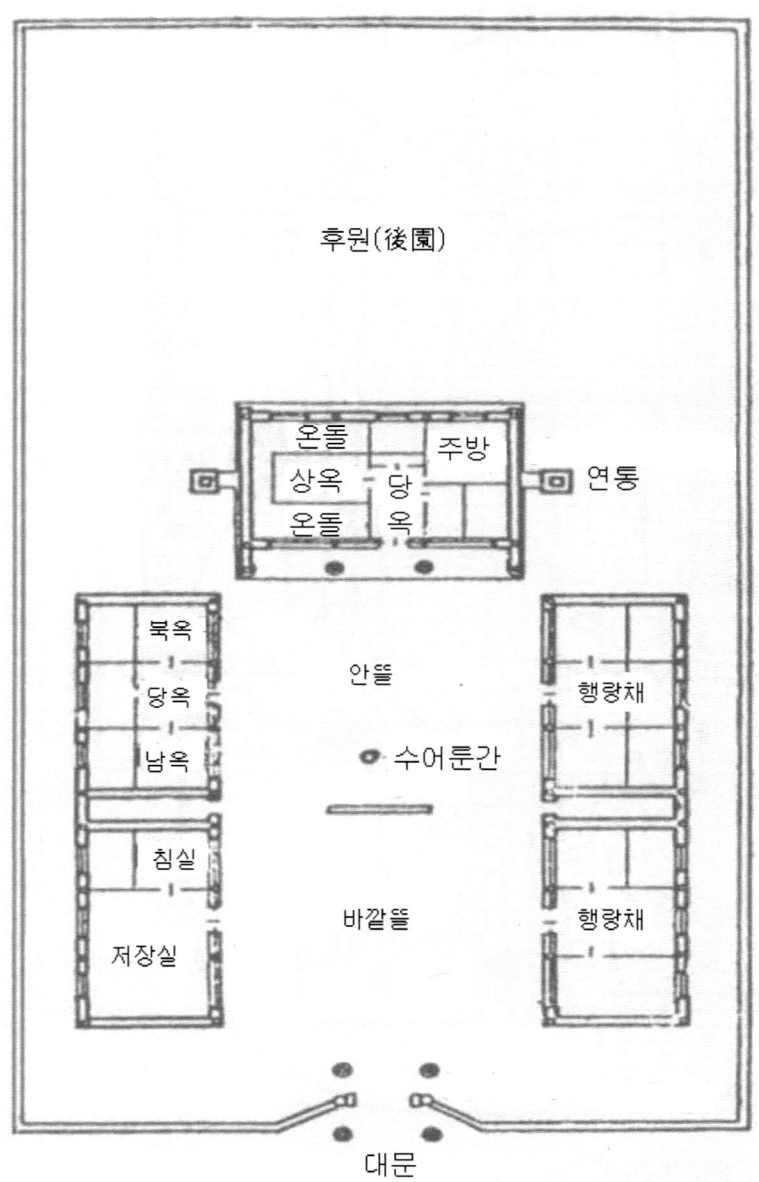

후원(後園)

온돌
상옥 주방
당
온돌 옥

연통

북옥
당옥
남옥

안뜰

수어룬간

행랑채

침실

저장실

바깥뜰

행랑채

대문

만주족 사합원(四合院)의 평면도[11]

리는 이 본채는 일반적으로 3칸 또는 5칸으로 되어 있으며 본채를 세 부분으로 나누었을 때, 서쪽에 위치한 서옥(西屋)이 가장 면적이 커서 이를 '상옥(上屋)'이라 부른다. 3칸 정방의 경우 출입문은 가운데 칸에 내거나 동쪽의 첫 칸에 내며, 5칸 정방의 경우 출입문은 보통 오른쪽의 두 번째 칸에 낸다. 이렇게 오른쪽에 치우쳐 만들어진 출입문으로 들어가면 그 공간이 바로 당옥(堂屋 또는 外屋이라고도 부름)이라 부르는 가운데 방으로, 당옥의 좌우 양쪽에 서쪽 방인 상옥과 동쪽 방인 동옥(東屋)으로 통하는 입구가 위치하게 된다. 이러한 양식을 방의 모양이 커다란 자루 모양을 닮았다고 하여 자루방(口袋房)이라고 부른다.12)

행랑채(廂房)는 주인보다 지위가 낮은 사람들이 생활하거나 창고 및 식품 저장고로 활용하는 공간으로, 본채에 비해 생활 공간의 규모가 작다. 일반적으로 서쪽의 행랑채는 남쪽 방이 크고, 동쪽의 행랑채는 북쪽 방이 크다. 행랑채는 대가족인 경우 주로 자식들이 사용하게 되는데, 자식들 중에도 나이가 많은 자식은 큰 방에서 거주하게 된다. 행랑채의 칸 수는 본채의 규모에 의해 정해지는데, 일반적으로 본채가 3칸일 경우 행랑채는 3칸 혹은 5칸, 본채가 5칸일 경우 행랑채는 5칸 혹은 6칸으로 지어진다. 이러한 건물 구성 방식을 만주지역에서는 '오정육상(五正六廂)'이라 부른다.13)

만주족 민가는 방들이 비교적 좁고 작은 편인 데 비해 마당

이 상대적으로 넓은 게 특징이다. 그 때문에 민가의 안마당은 각 가정의 중요한 행사 및 의식이 진행되는 장소가 되어 집안의 대소사 대부분이 이곳에서 이루어진다. 경사가 있을 때는 안마당에 탁자를 배치하여 손님을 맞고 이들을 위한 잔치를 벌였으며, 각종 의식과 하늘에 대한 제사 역시 이곳에서 거행된다. 장례식 역시 이곳 마당에서 이루어지는데, 이 경우 마당에 여러 개의 천막을 치고 참배객들을 맞으며, 마당의 가운데 천막에 관을 놓아 가족과 친지들이 망자에 대한 예의를 표시할 수 있도록 하였다.

만주족 민가 본채(正房)14)

만주족 민가의 담장은 일반적으로 자연에서 구하기 쉬운 나
뭇가지로 만든 울타리가 보통인데, 곳에 따라서는 흙으로 담장
을 하기도 한다. 담장과 연결된 대문은 크게 간식(杆式)과 방식
(房式)의 두 가지로 나뉘는데 간식은 나무를 이용하여 기둥을
세운 후 간단히 지붕을 덮어 대문 역할을 하도록 한 것이고, 방
식은 대문을 하나의 건물처럼 웅장하게 만든 것을 말한다. 만
주족 민가 대문의 위치상 특징은 민가의 남쪽 정중앙에 대문을
내어 전체적으로 건물의 배치가 좌우 대칭이 되도록 되어 있다
는 것이다.

민가 큰 대문

남쪽 마당에 포미루(苞米樓)라 부르는 작은 식량 저장용 창고를 세우는 것이다. 포미(苞米)는 만주지역에서 옥수수를 의미하는 것으로 포미루는 옥수수를 저장하기 위한 공간이다. 옥수수는 수수와 함께 과거 만주지역에 사는 사람들의 주요 식량으로 사람이 먹고, 가축의 사료로도 사용하는 유용한 작물이었다. 그 때문에 가정마다 옥수수를 저장하기 위한 공간이 따로 필요하였다. 포미루는 우리나라의 원두막처럼 지상에서 1미터가량 올라가게 네 기둥을 세우고 그 위에 나뭇가지로 집 모양의 창고를 만들어 그 안에 옥수수를 보관하도록 되어 있다. 포미루는 땅에서 높게 지었기 때문에 땅에서 올라오는 습기를 방지하고, 쥐 등에 의한 피해를 줄이는 데 유리하다. 이는 옛날 만주족 선조들이 살았던 소옥(巢屋)식 집에서 유래한 것으로 고구려의 부경(桴京)과 같은 형태의 곡식 저장 창고이다.

포미루는 농가의 주요 건축물은 아니지만 해당 농가의 생활상태를 외부에 보여주는 중요한 표식이었다. 포미루 안에 옥수수가 가득 들어 있으면 해당 농가는 적어도 몇 개월 동안은 식량 걱정 없이 편안하게 살 수 있음을 보여주지만 반대로 포미루가 비어 있으면 그 집에 걱정거리가 생기게 됨을 의미하는 것이었다. 이러한 이유로 새해를 맞이할 때 만주족 사람들은 식량이 풍족하기를 기원하는 의미에서 포미루의 위쪽에 '복(福)' 자와 '오곡풍성(五穀豐盛)' 등의 글자를 붙이곤 하였다.

만주족의 전통민가 마당 한쪽에는 길이가 9척가량 되고, 그 꼭대기에 사발을 올려놓은 나무기둥을 세운다. 마당의 한쪽에 세우는 이 장대는 수어룬간(한자로는 索倫杆 또는 索羅杆 등으로도 표기되며, 만주어로는 'somo I moo'라 한다)이라 부르는데, 하늘과 조상에 대한 제사를 지내는 데 사용하는 신나무(神杆)이다. 신나무의 종류는 여러 가지로 일반적으로 깊은 산속에서 곧게 잘 자란 나무를 잘라 곁가지를 치고, 껍질을 벗겨 만드는데 신나무의 끝은 뾰족하게 만든다. 신나무를 만드는 나무는 반드시 집주인이 직접 산에 가서 잘라 와야 하는데, 만약 그렇지 않을 경우 정성이 부족하여 신나무에 신령스러운 기운이 서리지 않게 된다고 믿었다. 신나무의 기둥받침은 돌 세 덩이를 쌓아 만들고, 신나무의 꼭대기에는 주석이나 풀로 사발 모양을 만들어 올려놓는데, 제사 때 이 사발에 곡식 및 돼지고기 등을 넣어두고 까마귀 등 새들이 쪼아 먹도록 하였다.

이 신나무는 만주족 민가 마당의 중앙이나 동남쪽에 위치하여 대문과 마주보게 세우는데, 장대의 높이로 인해 마당에서는 가족 누구나 이 신나무를 볼 수 있고, 이로 인해 만주족 각 가정의 중요한 표지가 되었다. 이 신나무는 만주족의 가제(家祭) 때 하늘에 소원을 비는 장소로 사용하던 것으로, 가제(家祭)는 봄과 가을 각 한 차례씩 치러졌다. 수어룬간은 만주족 민가에 있어 성스러운 상징으로 사람들은 평상시에 이에 대한 숭배와 극진한 존경을 표하였다. 그 때문에 신나무 앞에 쓰레기를 버리거나 불경스러운 물건들은 감히 놓을 수 없었다. 또한 신나

무를 밟거나 혹은 신나무 받침돌에 앉거나 이를 발로 차면 안
되며, 신나무 아래에서는 일체의 몸가짐을 조심하여 속된 말을
하거나 남을 비난하는 말도 하면 안 되었다. 만약 사람들이 이
러한 금기를 어길 경우 천신(天神)으로부터 벌을 받게 된다고
믿었다.

　만주족 민가의 화장실은 본채의 뒤쪽이나 건물의 모퉁이에
짓는데 화장실의 주변에는 일반적으로 쓰레기를 쌓아두는 퇴
비간이 함께 있어 음식쓰레기 및 기타 생활 쓰레기들은 이곳에
모아둔다. 이렇게 모아둔 쓰레기들이 썩으면 후에 텃밭을 가꿀
때 거름으로 사용하였다.

동쪽 행랑채(廂房)와 수어룬간(索倫杆), 포미루(苞米樓)

5. 민가의 외부 형태

　만주족은 그들이 생활하던 지역에서 얻을 수 있는 재료를 최대한 활용하여 집을 지었는데 흙벽돌로 지은 초가집과 벽돌로 지은 기와집이 대표적이다. 만주족 민가는 주로 지붕, 창문, 굴뚝의 모양에서 같은 지역에 사는 다른 민족들과 구별된다.

　만주족 서민들이 거주하던 초가의 지붕은 갈대나 풀을 사용해서 만드는 것이 보통이었으나 부유한 사람들은 용마루를 올리고 기와를 얹은 '해청방(海靑房)'을 짓고 살았다. 하지만 만주족은 초가집이나 기와집을 막론하고 대부분의 지붕 형태는 '∧' 자 모양의 맞배지붕으로 만들었는데, 다른 지역에 비해 지붕의 경사가 급한 것이 특징이다. 만주족 민가 지붕의 모양에 있어서의 이러한 특징은 만주지역의 기후적 요소에서 기인하

민가의 초가지붕

민가의 기와지붕(海靑房)

는 것이다. 춥고 눈이 많이 내리는 만주지역의 기후적인 특성
상 지붕의 경사도가 완만할 경우 눈이 쌓이기 때문에, 지붕의
경사도를 급하게 하여 눈이 지붕에 쌓이지 못하고 오자마자 바
닥으로 떨어지도록 설계한 것이다.

  만주족의 초가집은 흙벽돌을 쌓아 벽을 만들고, 기와집의 경우
벽돌을 쌓아 벽을 만들었다. 일반적으로 만주족 농가의 벽은 흙벽
돌로 쌓고 그 위에 진흙을 발랐는데, 민가의 남쪽 벽은 햇볕을 많
이 받을 수 있도록 창문을 넓게 내었다. 만주족 민가는 주로 남쪽
과 북쪽 벽에 창을 내는데, 남쪽 벽의 창은 위아래 두 짝으로 이

바깥쪽을 향해 위로 여는 창문

루어져 있으며, 위쪽 창문은 환기 및 통풍을 위해 여닫을 수 있도록 되어 있다. 창문은 건물의 바깥쪽에서 위아래로 열고 이를 막대기로 고정할 수 있도록 되어 있는데, 그 이유는 창문이 건물 안쪽으로 열리지 않도록 하여 동물들의 침입을 막을 수 있도록 고안된 것이다.

만주족 민가 창의 창살에는 창호지를 발라 채광에 유리하도

창의 바깥으로 바른 창호지

록 하였는데, 주로 기름이나 소금물을 먹인 창호지를 사용하였다. 창호지를 바르는 방식과 관련하여 만주족만의 특징은 창호지를 창의 안쪽에 바르지 않고 창의 바깥쪽에 바르는 것인데, 이는 눈이 많고 바람이 많은 만주지역의 특성상 창호지를 창의 안쪽에 바를 경우 창살과 창호지 사이에 눈이 항상 쌓여 있게 되어 실내로 습기가 유입되므로 이를 미연에 방지하기 위한 목적 때문이다. 즉, 창문의 바깥쪽에 창호지를 바름으로써 눈이 창살에 쌓이지 않고 그냥 땅으로 흘러내리도록 고안한 것이다. 이때 사용되는 창호지는 일반적으로 '고려지(高麗紙)'라고 부르는 습기에 강하고 질긴 창호지가 사용되었다.

만주족 민가의 굴뚝 설치 방식 역시 다른 민족의 민가에 비해 독특하다. 만주족의 굴뚝은 '후란(呼蘭)'이라고 부르는데, 보통 지붕의 처마보다 높게 세우고 원통형이나 탑 모양으로 굴뚝을 만든 다음 그 꼭대기에 자작나무 껍질이나 지푸라기로 지붕을 만들어 덮는다. 초가집의 굴뚝은 흙벽돌로 쌓은 후 진흙을 발라 마치 술병 모양으로 만들었으며, 기와집의 굴뚝은 벽돌을 사용하여 위로 갈수록 좁아지는 사각형이 여러 겹 쌓인 형태로 만들어 멀리서 보면 작은 탑처럼 보이도록 하였다. 만주족 민가의 굴뚝은 일반적으로 건물의 좌우에 두 개씩 설치하는데, 건물의 양쪽 벽에서 일정한 거리만큼 떨어지게 설치하고 굴뚝 아래 부분에는 작은 구멍을 만들어 바람에 견딜 수 있도록 하는 것이 보통이다.

    다른 민족의 굴뚝이 건물과 붙어 있거나 지붕 가운데에 만들어지는 것과 달리 만주족의 굴뚝이 유독 건물에서 떨어져 설치되는 것은 과거 만주족의 주거지가 삼림이었던 데서 유래한다. 산속에 살던 만주족 선조들의 경우 집을 만들던 재료가 모두 나무였다. 그 때문에 굴뚝이 지붕 위에 있거나 건물의 벽과 밀착되어 있을 경우 화재의 위험이 커 굴뚝을 건물에서 떨어뜨리게 되었고, 이는 만주족의 주거지가 산에서 평야지로 이동하게 된 후에도 습관적으로 굴뚝을 그렇게 만들게 된 것이다. 초기 만주족 민가 굴뚝은 벽돌이나 진흙으로 만든 것이 아니라 산속

만주족 전통민가의 초가지붕과 굴뚝

에서 벌레가 속을 갉아 먹어 속이 빈 통나무를 그대로 사용하였는데, 속이 빈 통나무를 굴뚝에 연결하여 세우고 그 외부를 진흙으로 발라 연통으로 활용하였다.

　만주족 민가의 벽과 굴뚝 사이를 이어주는 연기가 지나는 통로(煙道)에는 새 둥지 모양의 구멍을 내었는데, 이는 겨울철 거센 바람으로 인해 굴뚝이 손상되는 것을 방지하기 위한 것이었다. 이처럼 구멍이 난 연기 통로는 항상 온기가 남아 있기 때문에 겨울에는 이곳에서 닭을 키워 달걀을 얻기도 하였다. 만주족 민간에서는 굴뚝의 아래 부분은 죽은 사람의 영혼이 머물다 가는 곳으로 인식되어 해마다 설이 되면 가족들은 이곳에서 종이를 사르며 제사를 지냈다. 이러한 이유로 집안에서 노인이 사망하면 가족들은 망자의 자취를 확인하기 위해 재를 담은 그릇을 연통의 아래에 놓고 이와 함께 정안수를 담은 그릇을 굴뚝의 연기 통로에 놓았다. 그리고 다음 날 이를 확인해 재를 담은 그릇 위에 흔적이 남고 물그릇의 물이 줄었으면 망자가 다녀간 징표로 생각하였다. 이로 인해 만주족 민간에서는 굴뚝을 '망향대(望鄕臺)'라고 부르기도 하였다.

6. 민가의 실내 공간 활용

　만주족 민가의 본채는 일반적으로 주인이 기거하는 건물로, 서쪽 방인 상옥(上屋), 동쪽 방인 동옥(東屋), 그리고 그 가운데에 위치하여 상옥과 동옥의 통로 및 거실의 역할을 하는 당옥(堂屋)의 세 부분으로 나누어져 있다.

　일반적으로 당옥에는 솥과 아궁이, 그리고 물 항아리가 설치되어 있으며 만주족의 취사를 위한 공간이다. 당옥에 설치된 문을 통하여 상옥으로 들어가면 남쪽, 서쪽 그리고 북쪽에 'ㄷ'자 형태로 서로 이어진 온돌이 설치되어 있다. 이러한 온돌양식을 캉(炕)이라고 부르는데 우리나라의 온돌과 다른 점은 한국식 온돌의 경우 방 전체가 구들로 되어 있는 데 비해, 만주족의 온돌은 구들이 'ㄷ' 자 모양으로 연결되어 있다는 것이다.

만주족 온돌에서 'ㄷ' 자의 가운데 빈 공간은 신을 신고 활동하는 공간이고, 남쪽, 서쪽과 북쪽의 온돌은 걸터앉기 좋을 정도의 높이로 되어 있다. 이러한 온돌 양식을 만주어로는 '투와 (土瓦)', 중국어로는 '완즈캉(卍字炕 또는 萬字炕)'이라고 부른

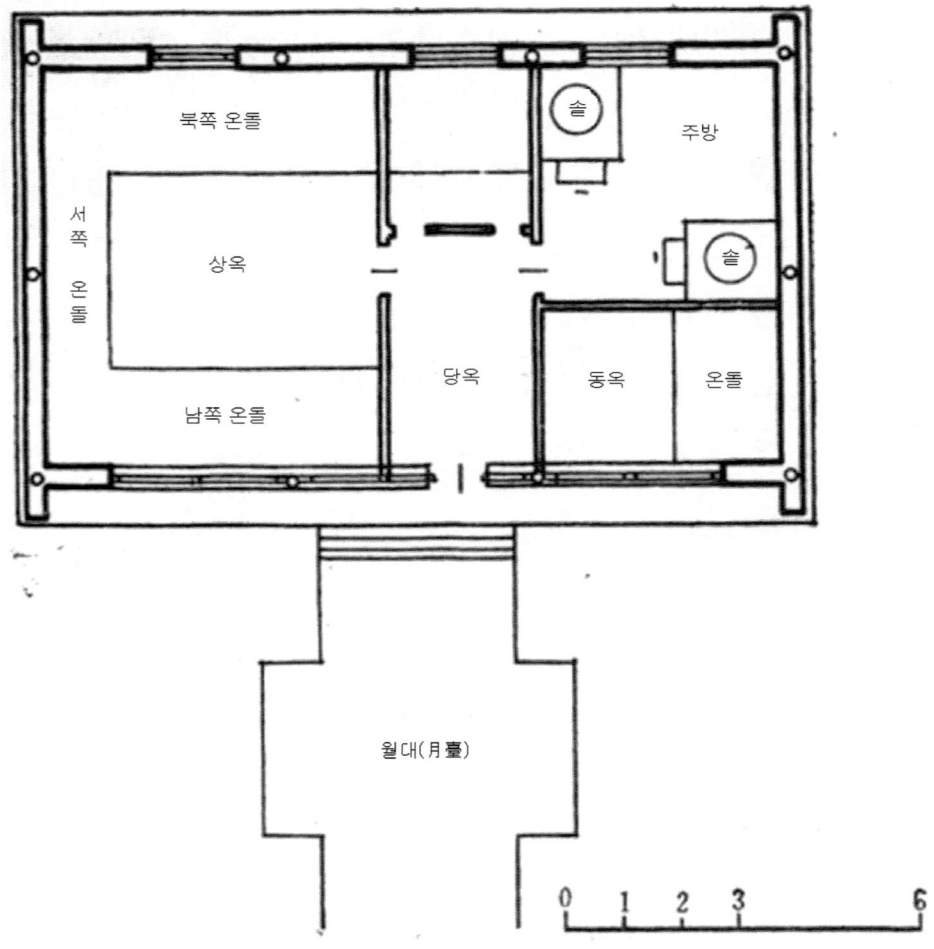

만주족 민가 본채 평면도[15)

다. 그리고 이 완즈캉의 남쪽 온돌을 남캉(南炕), 북쪽 온돌을 북캉((北炕)), 서쪽 온돌을 서캉(西炕)이라 부른다.

만주족의 일상적인 집안 활동은 본채, 즉 정방에서 진행되는데 면적이 가장 넓은 상옥(上屋)이 주된 생활공간이 된다. 만주족의 민가에서 상옥은 주로 잠을 자고, 식사를 하는 등의 일반적인 가정생활이 이루어지는 공간이다. 상옥의 남쪽과 북쪽 온돌은 폭이 넓어 가족들이 잠을 자거나 생활공간으로 이용하는

상옥의 'ㄷ' 자 온돌 '완즈캉(卍字炕)'

반면에 서쪽 온돌은 폭이 좁고 제사를 지내는 신성한 공간으로 이용하는 탓에 가족들이 일반적으로 사용하지는 않는다. 가족들은 상옥의 남쪽 온돌과 북쪽 온돌에서 잠을 자는데 노인들이나 남자들은 주로 남쪽 온돌을 사용하고, 젊은이들이나 여인들은 북쪽 온돌을 사용한다. 만주족은 잠을 잘 때 몸이 'ㄷ' 자 온돌인 캉과 수직이 되도록 눕게 되는데, 남쪽 온돌에서 잠을 자는 사람들은 머리를 북쪽으로 향하게 하고, 북쪽 온돌에서 잠을 자는 사람들은 머리를 남쪽으로 하여 잠을 잔다. 가족의 숫자가 많은 가정에서는 일반적으로 남쪽 온돌의 북쪽에, 북쪽 온돌의 남쪽에 커튼을 설치하여 밤에 잠을 잘 때는 그걸 아래로 내리고 낮에 활동할 때에는 위로 열어놓는 방식으로 각자의 취침 공

양쪽으로 당겨 여는 출입문

간을 구분하였다.

그 외에도 상옥은 만주족이 식사를 하거나 손님을 맞는 공간으로 활용된다. 만주족은 정방 건물의 가운데에 위치한 당옥(堂屋) 또는 동쪽 방(東屋)의 북쪽에 설치한 부엌에서 음식을 준비한 후, 이를 상옥의 남쪽 온돌로 옮겨와 남쪽 온돌에서 식사를 한다. 식사는 온돌 위에 앉은뱅이 상을 펴고 그 위에 음식을 차려놓은 후 온 가족이 둘러앉아 하게 된다. 만주족은 주로 상옥에서 손님을 맞는데, 특별한 일이 없이 일상적인 대화만을 할 경우에는 남쪽 온돌과 북쪽 온돌의 가장자리에 걸터앉아 대화를 하고, 귀한 손님이어서 식사를 대접하게 될 경우에는 남쪽 온돌에 상을 놓고 음식을 차린 후 극진하게 손님을 모셨다.

솥과 아궁이

당옥(堂屋)으로 불리는 본채의 가운데 방은 음식을 준비하는 공간인 동시에 상옥으로 들어가는 통로 역할을 하며, 설거지나 목욕 또한 이곳에서 이루어진다. 이곳에는 아궁이 및 솥 등이 설치되어 음식을 만들게 된다. 동쪽 방은 주로 곡식이나 물건 따위를 쌓아두는 저장고의 역할을 하는데, 식구가 많은 가정에서는 동옥을 개조하여 취침공간으로 활용하기도 하였다. 이때 일반적으로 남쪽 온돌은 사람이 생활하고 북쪽 온돌에는 식량 등을 쌓아놓는 등 북쪽 온돌이 창고의 역할을 한다. 일부에서는 동옥의 북쪽에 솥을 걸어놓고 음식을 준비하는 부엌으로 활용하기도 하고, 남쪽 온돌을 잠자리 및 식사를 위한 공간으로 활용하기도 한다.

제 4 장

만주족의 전통 주거문화

1. 샤머니즘과 주거문화

    각 민족은 자신들의 역사 및 문화적 배경이 서로 다르기 때문에 민족마다 서로 다른 고유의 사상 체계를 가지게 된다. 주거문화에 있어서도 민족별로 고유한 전통 사상이 담겨 있으며, 이는 각 민족이 주택을 건축하고, 주거문화를 형성하는 데 있어 중요한 작용을 한다.

    만주족의 전통 주거와 관련된 핵심 사상은 샤머니즘(shamanism)이다. 고대 이래로 만주족의 생활은 샤머니즘과 밀접한 관계를 가지고 있었고, 만주족의 문화는 샤머니즘의 영향을 크게 받았다. 그 때문에 만주족의 주거문화 역시 다른 민족들과는 달리 샤머니즘의 종교적인 색채가 농후한데, 이러한 샤머니즘적 요소는 만주족 일반 평민들의 민가뿐만 아니라 청나라의 황궁 건축에도 고스란히 반영되었다.

샤머니즘은 원시종교의 말기적인 형태로 원시사회 후기에 형성되었는데, '샤먼'은 만주-퉁구스어족 각 부락의 무속인들을 일컫는 말로 '격동', '불안', 혹은 '크게 노한 사람' 등의 여러 가지 뜻을 가진 용어이다.16) 일반적으로 샤머니즘은 엑스터시와 같은 이상심리 상태에서 초자연적 존재와 직접 접촉·교섭하는 과정에서 점복(占卜)·예언·치병(治病)·제의(祭儀)·사령(死靈)의 인도(引導) 등을 행하는 주술·종교적 직능자인 샤먼을 중심으로 하는 종교현상을 말한다.17) 만주족에 있어 샤먼은 인간과 신의 사이를 중개하는 사람으로 특수한 품격과 신통함을 가지고 있다. 그 때문에 샤먼은 자기 씨족집단을 재앙으로부터 보호하여 복을 구할 수 있도록 하는 사람으로 신봉되어 씨족 구성원들이 공동으로 참여하는 기념일과 종교의식을 주재하였다.18)

만주족 샤머니즘의 기원은 신석기시대까지 거슬러 올라갈 수 있으나, 말갈과 여진 시기에 들어 크게 발전하게 되었다. 특히 만주족의 선조들이 금나라와 청나라를 건국한 이후에 샤머니즘의 발전 및 전파가 급속히 확대되었는데, 이는 금과 청을 세운 여진족과 만주족의 귀족들과 통치자들이 자신들이 세운 국가를 안정적으로 이끌어나가기 위해 필요한 통치 이념을 샤머니즘의 확대 및 강화에서 찾았기 때문이다.19)

만주족의 샤머니즘은 조상숭배를 위주로 하는 일종의 다신교로 그 중요한 종교 활동에는 만물에 영혼이 있다는 믿음과 자연, 토템, 조상에 대한 숭배가 포함되어 있다. 샤머니즘의 활동 중에서 가장 먼저 시작된 것은 자연숭배이다. 자연숭배는 해, 달, 별, 산, 물, 불 등 자연물에 대한 숭배를 말하는데, 만주족의 선조들에게는 불에 대한 숭배가 가장 강렬하였다. 만주족의 선조들이 살던 북방지역의 긴 겨울과 추운 날씨로 인해 따뜻함에 대한 추구가 가장 강하였기 때문에 불의 사용과 보존은 생존을 위한 전제 조건이었고, 불을 장악함으로써 대자연에 적응할 수 있는 능력을 인정받을 수 있다고 생각하였던 것이다. 이러한 이유로 만주족의 샤머니즘 활동 중 가장 비중 있게 행한 것이 '불의 신(火神)'에 대한 제사였다.

만주족 샤머니즘의 토템숭배는 자연숭배의 기초 위에서 발전한 것이다. 만주족의 선조들은 그들과 모종의 동물 및 식물들 간에 일종의 특수한 관계가 있다고 생각하였기 때문에 그것들을 자기 씨족의 토템으로 삼아 이를 숭배하기 시작했다. 그 때문에 이들은 버드나무(柳樹), 매(鷹), 까마귀(烏鴉), 곰(熊), 표범(豹), 사슴(鹿) 등을 토템으로 삼아 숭배하였고, 심지어는 개까지도 신성시하였다.

만주족 샤머니즘의 또 다른 특징은 '영혼은 흩어지지 않는다'는 생각인데 이러한 생각의 기초하에 조상을 숭배하는 종교의식이 생겨났다.[20] 만주족 씨족부락의 창시자들 및 중요한 문화를 창조한 사람들은 만주족의 영웅이 되고 조상신이 되었다. 만주족의 조상숭배는 일반적인 선조에 대한 애도나 그리움에 대한 생각이 아닌 영웅숭배 사상이었으며, 이로 인해 만주족이 행하는 제례의 전반적인 분위기는 기쁨과 장중함이었다.

이러한 만주족의 샤머니즘 신앙은 민가 및 기타 건축물의 건축 방식에도 중대한 영향을 끼쳤는데 그 주요 내용은 다음과 같다.

첫째, 만주족 민가 본채의 서쪽 방을 크게 만들었다. 만주족 민가의 본채는 일반적으로 3칸 또는 5칸으로 되어 있는데, 일반적으로 상옥(上屋)이라고 불리는 서쪽 방, 당옥(堂屋)이라고 불리는 가운데 방 그리고 동쪽 방(東屋)의 세 부분으로 나누어진다. 만주족은 오른쪽, 즉 서쪽을 신성하게 여기는 샤머니즘의 영향으로 서쪽 방을 동쪽 방에 비해 크기가 훨씬 크게 만들고, 본채의 출입문 역시 건물의 중앙이 아닌 동쪽에 치우쳐 내게 된다. 만주족 민가의 기본 형태인 3칸 집의 경우 가운데 또는 맨 오른쪽 칸에 출입문을 내지만 5칸 집의 경우에는 오른쪽에서 2번째 칸에 출입문을 내어 이를 중간 방 및 부엌으로 삼고, 서쪽 3칸을 하나의 방으로 연결하여 연장자들의 처소로 삼는다.

둘째, 만주족 민가 본채의 실내는 샤머니즘의 제사의식을 위한 신성한 공간으로 꾸몄다. 서쪽 방인 상옥의 서쪽 벽에는 조상판(祖宗板)이라는 선반이 있고, 그 위에는 '조상 상자(祖宗匣子)'라 불리는 상자가 놓이게 되는데, 이것은 가족이 아닌 일반인들이 감히 쳐다보아서는 안 되는 만주족에게는 지극히 신성한 물건이다. 이 상자 안에는 해당 씨족의 조상 혹은 만주족을 위해 공을 세운 조상신의 형상과 함께 씨족의 역사 및 선조들의 공적이 기록된 족보가 들어 있다. 이 때문에 만주족의 서쪽 온돌을 '부처님 온돌(佛爺炕)'이라고도 부르며 신성시하는 탓에 비록 귀한 손님일지라도 서쪽 온돌(西炕)에는 앉을 수 없고 대신 남쪽 온돌(南炕)이나 북쪽 온돌(北炕)에 앉아야만 했다.

셋째, 마당 한쪽에 하늘에 제사를 지내기 위한 신나무(神杆)를 세운다. 대부분의 만주족 민가 마당의 동남쪽에는 수어룬간(索倫杆)이라 부르는 신나무를 세우는데, 이는 하늘에 대한 제사를 지내는 장소로 이용한다. 신나무의 기둥받침은 돌을 쌓아 만들고, 신나무의 꼭대기에는 주석이나 풀로 사발 모양을 만들어 올려놓는데, 제사 때 이곳에 곡식 및 돼지고기 등을 넣어두고 까마귀 등 새들이 쪼아 먹도록 한다. 이는 샤머니즘의 새를 숭배하는 사상이 담겨 있는 것으로 이 신나무는 고대에 만주족의 선조들이 들이나 산에서 하늘에 제사를 지내던 풍속에서 유래한 것이다.

넷째, 샤머니즘은 일반 평민들의 민가뿐만 아니라 청나라 황제들이 거주하던 황궁의 건축에도 영향을 끼쳤다. 선양(瀋陽)에 있는 성경고궁(盛京故宮)의 건물 가운데 청 태조 홍타이지 부부가 거주하던 청녕궁(淸寧宮)은 만주족의 일반 민가와 마찬가지로 다섯 칸으로 되어 있는데, 당옥(堂屋) 및 상옥(上屋)의 4칸을 궁궐에서 샤머니즘 제사를 지내는 장소로 사용하였는데, 상옥의 서쪽 벽에 신위를 안치하여 제사를 지냈다. 또한 청녕궁의 마당 동남쪽에 신나무를 세우고 하늘에 제사를 지낼 때에는 이곳에 돼지고기를 제물로 바쳤다. 성경고궁과 마찬가지로 청나라의 수도였던 베이징 자금성의 곤녕궁(坤寧宮) 및 영수궁 (寧壽宮)에도 서쪽 방을 크게 만들고, 마당의 동남쪽에 신나무 를 세우는 등 샤머니즘 제사를 위한 공간이 마련되었다.

　이렇듯 샤머니즘은 만주족이 주거용 건물을 건축하고 주거 공간을 구성하거나 실내 공간을 활용함에 있어 중요한 원리로 작용하였다.

2. 주거 공간과 통과 의례

탄생례(誕生禮)

출산과 관련하여 만주족에게는 독특한 풍속이 있는데, 그것은 바로 임신한 여자가 애를 낳을 때에는 반드시 별도로 만든 '산방(産房)'으로 가서 애를 낳도록 하는 것이다. 산방 내에는 좌우 두 개의 침상을 만들어 산모는 오른쪽에 거주하고, 할머니 또는 애 낳는 것을 도와주는 산파는 왼쪽에 기거하였다. 만주족의 전통에 따르면 산모들이 생활하는 산방(産房)은 집안 어른들이 정하도록 되어 있었는데, 집안 어른들이 햇볕이 잘 드는 따뜻한 남쪽 공간을 양보하게 되면 그곳이 바로 산방이 되었다. 이때 방 밖에 붉은 천을 거는 것으로 산모가 거처하는 산방임을 표시하였다. 만약 가정 형편으로 인해 산모가 집안 어른들과 방을 함께 써야 될 경우에는 임시로 산모를 위한 간단한 방을 하나 꾸며 출산을 앞둔 산모가 생활하도록 한 뒤 아이가 출생한 후 한 달이 지나면 다시 원래의 공간으로 돌아와 살도록 하였다. 이러한 풍습의 의미는 산모를 특별히 돌보아주기 위한 것일 뿐만 아니라 아이를 낳는 것을 불결한 일로 생각했기 때문에 마땅히 집안에서 모시는 신과 남자들이 거주하는 장소에서 피해야 했기 때문이다.

만주족은 산모가 임신을 하게 되면 온 가족이 이를 아주 기쁘게 생각하였으며, 시어머니, 시할머니 등은 산모에게 태교를 시작하고 태아의 정상적인 발육을 돕는 데 힘을 쏟았다. 그러다가 산달이 다가오면 샤먼을 청하여 만주족의 산신(産神)으로 상옥의 서쪽 온돌에 모셔진 '포도마마(佛托媽媽)'의 신위에 제사를 지내면서 태아와 산모의 건강을 기원하였다.

출산일이 다가오면 산모는 남쪽 온돌 위에 짚을 넓게 편 후 그곳에서 아이를 낳았는데, 이를 '낙초(落草)'라고 불렀다. 이는 만주족이 수렵하던 시절의 풍속으로, 잘 마른 지푸라기는 습기를 막아주고 태아를 따뜻하게 하는 보온 작용을 하기 때문이다. 만주족은 남자아이를 낳으면 문 앞 왼쪽에 나무로 만든 작은 활과 화살을 걸었는데, 이는 남자아이들이 장차 자라서 수렵에 능한 용사가 되기를 기원하는 의미였다. 한편 여자아이를 낳으면 문 앞 오른쪽에 붉은 천 조각을 걸었는데, 이는 길하고 상서로움을 의미하는 것이다. 만주족 가정에서는 아이를 낳은 이튿날 아이를 많이 낳은 신체 건강한 여자를 불러들여 처음으로 젖을 물렸다. 아이가 태어난 후 처음으로 산방(産房)에 들어가는 사람을 '채생인(採生人)'이라고 불렀는데, 만주족의 풍습에 따르면 아이가 장차 이 인물을 닮게 된다고 생각하여 성격이나 행실이 바르지 못한 사람은 산방에 들어가지 못하도록 하였다. 산모는 산후 3일 내에 반드시 새와 짐승 고기를 먹어야 했는데, 이를 위해 산파는 새와 들짐승 고기로 소를 넣어 만두를 만든 다음 이를 산모에게 먹였다.

산후 7일째 되는 날은 아이를 요람에 태우는 '상차일(上車日)'로, 이날 시댁에서는 산모의 친정 부모를 불러 아이를 요람에 태우는 의식을 행하였다. 이날 요람에 아이를 태우는 인물도 처음 젖을 먹이는 것과 마찬가지로 다산한 건강한 여인을 청하여 신생아를 품에 품어 요람에 태우도록 하였다. 이 요람은 '유차(悠車)'라고 부르는데 이는 만주족 특유의 아이 키우기 방법이다. 만주족 부모들은 아이를 이 요람에 넣은 후 집 안의 대들보에 이를 매달고 아이가 보챌 때마다 흔들어주면서 집안일을 하였다. 이는 과거 만주족의 선조들이 산에서 수렵생활을 하며 생계를 이어가던 시절에 부모들이 산속에서 수렵을 할 때 아이들을 산짐승의 위험으로부터 보호하기 위해 요람에 아이를 태우고 이를 나뭇가지 높은 곳에 매달고 일을 한 데서 유래한 것이다.

아이가 태어난 지 만 1개월이 지나면 문 앞에 걸어두었던 화

선양 고궁의 요람(悠車)

살과 붉은 천을 거두어 자손줄(子孫繩)에 묶은 후 자손자루에
넣어 서쪽 방(上屋)의 서쪽 벽에 걸어놓았다. 이때 영아를 돕는
산신(産神)이자 가신(家神)인 포도마마를 함께 모셨는데, 만주
족은 매년 봄과 가을 두 차례에 걸쳐 아이를 돌보아주는 포도
마마에 제사를 지내며 아이의 건강과 행복을 기원하였다.

혼례(婚禮)

만주족의 전통 혼례 의식은 3일간 진행된다. 첫날은 신랑 측
에서 신부를 맞을 준비를 하는데, 이날 신랑 측에서는 신방을

정성스레 꾸미고 마당에 손님들을 맞이하기 위한 차양을 치고, 그곳에 솥을 걸고, 신부가 앉을 수 있는 천막을 세운다. 신부 측이 보내는 혼수품 역시 이날 신랑 집으로 배달이 되는데, 신랑 측에서는 혼수품을 신방의 중앙에 놓고 혼수품을 가져온 신부 측 사람을 극진하게 대접한다.

한편 신부 측에서도 이날 결혼식을 위한 준비를 하게 되는데, 신부는 그동안 나고 자란 친정을 떠나 신랑 집으로 가기 전에 우선 상옥의 서쪽 온돌에 설치된 조상의 위패에 머리를 조아려 고별을 알린다. 신부가 신랑 집으로 출발할 때는 일반적으로 신부의 오빠가 집 안에서부터 여동생을 안아서 가마에 태우는 게 보통인데, 이는 신부가 신랑 집으로 향할 때 신부 집의 땅을 밟고 가마에 오르게 되면 신부 집의 재물 복이 신랑 집으로 옮겨간다고 생각했기 때문이다. 이렇게 친정집을 떠난 신부는 그날 저녁 신랑 집 근처에 도달하게 되는데, 이때 신부는 신랑 집의 용마루가 보이지 않는 곳에 머물러야 했다. 이는 신부가 미리 신랑 집의 용마루를 보게 되면 불길하다는 속설 때문이다.

둘째 날은 '正日子'라고 부른다. 만주족의 혼례의식은 원래 밤에 거행되었으나, 청나라 말기 이후 일반 한족의 습관에 따라 대낮에 혼례를 치르는 것으로 바뀌었다. 이날 새벽 신랑은 화려하게 장식한 가마를 앞세우고 신부를 맞으러 가게 되는데 이를 친영(親迎)이라 부른다. 만주족의 전통 혼례에서는 신랑이 직접 신부를 마중 나가는 친영을 가장 중시하였다. 이렇게 신부를 맞으러 간 신랑과 신부의 가마가 서로 만나게 되면 신부는 집에서 타고 온 가마에서 화장을 고친 후 신부의 오빠에게 안겨 신랑이 준비해간 가마로 옮겨 탄 후, 신부 측의 가마꾼과 신랑 측의 가마꾼이 함께 신랑 집으로 향하게 된다.

신랑이 신부와 함께 자신의 집 대문 앞에 이르게 되면 신랑 측에서는 고의로 대문을 닫아 건 후 가마가 들어오지 못하게 한다. 이를 '권성(勸性)'이라고 하는데 그 의미는 신부로 하여금 처녀 시절의 성격과 기질을 모두 버리라는 의미가 담겨 있다. 그러나 실제로는 상징적으로 문을 닫았다 즉시 연다. 그런 후 가마가 마당으로 들어서면 문 앞에 붉은색 양탄자를 깔아 그 위에 가마를 내려놓은 후 신랑은 가마를 향하여 화살촉이 없는 화살을 세 번 쏘게 되는데, 이는 사악한 기운을 몰아내기 위한 뜻이 담겨 있다. 그 후 신부는 붉은 가리개로 얼굴을 가리고 가마에서 내려 문 앞에 놓인 화로를 넘은 후, 붉은 양탄자 위를 걸어가 신방 앞에 이르게 된다. 그러면 신랑은 '한 걸음 한 걸음 높이 올라가라(步步高)'는 의미로 막대기로 신부의 가리개를 벗겨 신방 문 꼭대기에 걸어놓는다. 그런 다음 신부는 동이 전해준 보병(寶瓶)을 가슴에 품고 문지방 위에 놓인 말을 건너 신방의 온돌(炕) 위에 미리 준비해놓은 길한 방향 앉는데, 신부가 말안장을 넘어가는 것은 '평안하게 문에 는 것(平安入門)'을 의미한다. 이때 신방의 깔개 밑에 도를 숨겨놓고 이 위에 앉기도 하는데 이는 '복을 깔고 福・zuofu)'을 의미한다.

수수께끼

신부가 신랑 집에 도착한 후 정오가 되면 정식으로 결혼식을 거행하는 이때 마당 한가운데에 상을 놓고 상 위에 신위 및 예물들을 올려놓은 후 신랑·신부가 천지신명을 향해 절을 올리는데 이를 '북두칠성에 대한 절(拜北斗)'이라고 부른다. 전설에 의하면 만주족은 원래 백두산에서 온 민족이기 때문에 북쪽을 향해 절을 하는 것은 백두산 신령님을 향해 절을 올리는 것이라고도 하고, 북두칠성을 향해 절을 올리는 것이라고도 한다. 이때 샤먼은 신랑·신부의 행복한 결혼생활을 위해 축문을 읊게 되고, 이렇게 함으로써 공식적인 결혼 의식은 모두 끝나게 된다.

결혼식 3일째 되는 날은 신랑과 신부가 집안 어른들에게 인사를 하는 날로, 셋째 날 아침 신랑과 신부는 잠자리에서 일어나자마자 신랑 집 상옥의 서쪽 온돌에 마련된 조상들의 위패에 절을 올린 후 집안의 어른들이 모이면 그 자리에서 신부를 친척들에게 소개시킨다.

상례(喪禮)

만주족의 장례는 초기에 화장(火葬) 및 수장(水葬)을 주로 하였으나 중원(中原)으로 들어온 이후 한족의 영향을 받아 토장(土葬)을 주로 하게 되었다. 만주족의 상례는 주로 정방의 서쪽 온돌에서 이루어지는데 그 내용 및 절차는 다음과 같다.

만주족은 임종을 앞둔 노인이 있으면 온 가족이 임종을 지켜보는 것을 망자에 대한 예의로 생각한다. 그 때문에 노인이 임종할 무렵에는 반드시 자녀들이 임종을 지켜야 하는데, 특히 맏아들은 임종 때까지 자리를 떠나서는 안 된다. 노인이 임종하기 직전에 수의를 입히고, 임종을 하게 되면 붉은 천으로 조상의 위패와 거울을 포장한다. 이는 만주족의 전설에 망자가 거울을 보게 되면 강물이 되고, 그 영혼이 집을 떠나지 못한다고 믿기 때문이다.

만주족은 사람이 죽으면 우선 그 시신을 상옥의 서쪽 온돌 앞에 안치시키게 되는데, 서쪽 온돌의 모서리를 따라 망자의 연령에 맞춰 나무판의 위치를 달리한 후 그 위에 시신을 놓는다. 즉, 망자가 노인일 경우 나무판을 서쪽 온돌과 높이를 같게 하여 시신을 안치시키고, 중년인 경우에는 그것보다 좀 낮게, 아이들인 경우는 가장 낮은 위치에 나무판을 놓는다. 일부 만주족의 가정에서는 연장자들만 서쪽 온돌에 안치시키고, 나머지는 당옥(堂屋) 혹은 동옥(東屋)에 안치시키기도 한다. 망자를 나무판에 올려놓은 후 머리를 서쪽으로 다리를 동쪽으로 하여 시신을 놓는데 이는 만주족의 서쪽을 귀하게 여기는 풍습 때문이다.

만주족에게 있어 출입문은 산 사람들이 드나드는 곳이므로 망자의 시신을 밖으로 운구해야 할 경우라도 출입문을 사용하지 못한다. 그 때문에 시신을 밖으로 운구할 때에는 문으로 나가지 못하고 햇볕이 들지 않는 시간을 이용하여 창문을 통해 시신을 밖으로 운구한다. 사람이 죽으면 만주족은 마당의 서쪽에 높이가 1장 5척(약 5미터)이나 하는 긴 장대를 하나 세우고 그 위에 길이가 9척(약 3미터) 정도 하는 천을 걸어놓는데 머리 부분과 꼬리 부분은 검은색을 띠고, 중간은 붉은색을 띠는 네 가닥의 천을 매단다. 시신이 장지로 떠나게 되면 이 천 조각을 차지하기 위한 쟁탈전이 벌어지는데 이 천을 가지고 아이들의 옷을 만들어주면 길하고, 사악한 것을 막아주며, 악몽을 꾸지 않는다고 믿기 때문이다.

만주족은 장례를 치른 후 백일 동안 상복을 벗지 않으며, 남자는 머리를 자르지 않고, 관모에 수술을 달지 않는다. 한편 여자들도 이 기간 동안 머리를 자르지 않으며, 꽃을 머리에 꽂지 않는다. 백 일이 되면 온 가족이 묘소에 이르러 제사를 지낸 후 소복을 벗는데 이를 '석복(釋服)'이라 한다. 그 후 매년 청명절(淸明)에 무덤 위에 '포도(fodo·佛托)'라 부르는 버드나무 가지를 꽂는다.

하지만 이와 같은 만주족의 전통적인 상례 의식은 중국이 공산화된 이후 급속히 자취를 감추었으며, 이제는 화장과 추도의식으로 이를 대체하고 있는 실정이다.

3. 가신신앙과 공간 활용

만주족의 핵심 신앙은 샤머니즘으로 원시신앙의 색채를 띠고 있는 동시에 만물에 영혼이 있다는 애니미즘 사상을 기반으로 자연물을 인격화·신격화시켜 초자연적인 신령한 관념으로 승화시킨 것과 조상숭배가 주된 신앙이다.

만주족의 제사는 '성제(星祭)'와 '가제(家祭)'의 두 종류가 있는데, 성제(星祭)는 만주족의 자연숭배사상이 반영된 것으로 '북두칠성' 혹은 '북극성'에 지내는 제사를 말한다. 별에 대한 제사는 보통 9월 이후 자정 무렵 하늘에 별이 나타나는 시간에 지내는 제사로 일반적으로 집 건물의 서쪽에 설치된 굴뚝 옆에 제사상을 차린 후 7개의 향로와 7개의 곡주, 7개의 등잔을 놓고 하늘에 제사를 지낸다. 이때 제사상 옆에 작은 상을 더 놓고 그 위에 돼지, 날짐승고기 및 곡식들을 북두칠성을 향하여 놓은 다음, 가족의 서열에 따라 북두칠성을 향해 절을 한다.

가제(家祭)는 만주족 내부 각 성씨, 즉 혈연 성씨를 주로 하여 조상들에게 지내는 제사의 한 형태이다. 만주족의 조상에 대한 제사인 가제(家祭)는 조상에 대한 제사, 수어룬간(索倫杆)에 대한 제사, 새끼줄 바꾸기(換索), 배등제(背燈祭) 등 네 종류가 있다. 제사는 주로 3일에 걸쳐 이루어지는데, 첫째 날에는 조상신에 대한 제사를 지내고, 둘째 날에는 하늘에 대한 제사, 그리고 셋째 날에는 '새끼줄 바꾸기(換索)' 의식을 진행한다. 일반적으로 만주족의 조상에 대한 제사는 하늘에 대한 제사인 성제와 함께 지내는 경우가 많다.

첫째 날 진행하는 조상들에게 지내는 제사는 서쪽 온돌에 있는 신위로 대표되는 조상신에게 제사를 지내는 의식으로 아침에 지내는 조제(朝祭)와 저녁에 지내는 석제(夕祭)의 두 종류로 나뉜다. 제사의 순서로는 우선 상옥의 서쪽 벽에 조상판(祖宗板·만주어로 'weceku'라고 부른다)이라고 부르는 선반을 설치하고, 서쪽 온돌과 북쪽 온돌의 벽 쪽에 아침 제사, 저녁 제사를 위한 신위를 세워놓는다. 그런 후에 제사 당일 아침 먼저 모든 만물 신에게 공경을 표한 후 오후에 돼지를 잡아 조상들에게 제사상에 올리게 되는데, 이때 제사상에는 활이나 칼 등 조상들이 쓰던 물건들을 함께 올려놓고 제를 지낸다. 한편 제사를 지내는 장소의 옆에는 붉은색으로 만든 '마마자루(媽媽口

袋)'를 걸어두고 그 안에 '장수 끈' 혹은 '자손 끈'이라 부르는 실을 넣어둔다.

만주족은 연말이나 혹은 족보를 바꾸는 용·호랑이해에도 정식으로 큰 제사를 지내는데, 이때 조상 상자(祖宗匣子)를 꺼내 상옥의 서쪽 온돌 벽에 설치한 선반인 조상판(祖宗板) 위에 놓는다. 이 조상 상자 안에는 만주족 선조들과 공신들의 형상 및 가족의 역사를 기록한 가족사와 조상들의 업적을 적은 족보 등을 넣어둔다. 제사 당일 가족들 중 연장자가 정결한 손으로 옷을 갈아입고 공손히 조상판에서 조상 상자를 꺼내 서쪽 온돌에 내려놓은 다음, 조상들의 형상을 상자에서 꺼내어 서쪽 벽에 건 다음 그 앞에 제사상을 차린다. 제사상 위에는 찹쌀로 만든 떡 등 제수를 올려놓고 향을 피운다. 이때 가족들은 가족 내 서열에 따라 조상들을 향하여 각자 세 번씩 절을 한 후 남·북쪽 온돌이나 당옥에 앉으면 샤먼이 조상들의 음덕으로 가정이 행복하기를 기도하는 주문을 외우면서 북과 방울을 가지고 신무(神舞)를 추기 시작한다.

둘째 날 행하는 하늘에 대한 제사는 신나무(神杆)인 수어룬간(索倫杆)에 지내는 제사를 말하는 것으로 민간에서는 '제외신(祭外神)'이라고 부른다. 신나무 밑에서 지내는 하늘에 대한 제사에는 털이 고르게 난 검은 돼지를 제물로 사용한다. 돼지를 잡은 후 그 내장과 방광을 나무 위에 넣어 새들로 하여금 날아와 먹게 하는데, 3일 내에 새가 와서 먹으면 길한 것으로 생각한다. 이때 잡은 돼지로 죽을 끓여 제사에 참여한 손님들을 대접하는데 이날엔 지나가는 사람들에게까지 음식을 대접한다.[21]

가제(家祭)의 또 다른 의식 가운데 하나는 셋째 날에 실시하는 '새끼줄 바꾸기(換索)'이다. 만주족은 항상 하늘에 제사를 지낼 때에 '포도마마(fodomama·佛托媽媽)'에 대한 제사를 동시에 진행하는데, 이는 아이들에게 새끼줄을 바꾸어주는 의식을 말한다.[22] 포도마마의 신위는 서쪽 온돌 벽의 자손 새끼줄과 새끼줄 자루에 걸어놓는데, 이를 자손자루(子孫口袋)라고 부르는 황색 자루에 건다. 이 자루에는 엄지손가락 굵기의 새끼줄이 들어 있는데 이를 '자손줄(子孫繩)'이라고 부른다. 제사를 지낼 때에는 이 자루 속에 들어 있는 자손줄을 마당에 있는 버드나무에 가져가 제사와 새끼줄 바꾸기 의식용으로 사용한다. 이때 마당에는 일반적으로 버드나무 가지를 꽂아두고, 아이들로 하여금 색 새끼줄을 목에 걸고 조상의 형상(形狀) 앞에서 절을 하도록 하는데 이는 자손이 버드나무 가지의 모양과 잎의 숫자만큼 번성하길 기원하는 것이다. 매년 제사를 지낼 때에는 이 새끼줄 바꾸기를 하는데 자식들이 결혼할 때까지 계속된다.

가제(家祭)에서 빼놓을 수 없는 제사는 배등제(背燈祭祀)이다. 배등제는 야밤에 문을 닫아걸고 불을 끄는 형식을 취하는 샤먼 제사 활동이다. 이는 수렵민족의 전통적인 제사방식으로 일반적으로 야간에 진행된다. 배등제의 신령은 두 가지가 있는데 그 하나는 서쪽 온돌 신(西炕神), 즉 조상신이다. 사람들은 서쪽 온돌에 제수를 올려놓고 샤먼이 서쪽 벽의 신위를 향하여 무릎을 꿇고 앉아 방울 및 신기(神器)를 흔들며 주술을 외우며 기도를 한다. 다른 하나는 별(星)로, 이에 대한 제사는 마당에서 진행되는데 건물의 서남쪽 모서리에 제사상을 펴고 제물을 올린 후 하늘을 향해 기도를 한다. 배등제(背燈祭)의 대상은 별인데 별의 신령은 만주족의 자연신 중에서 가장 많은 수를 차지하는 신이다. 만주족의 일부는 배등제(背燈祭)를 실내에서 거행하기도 하는데 이때에는 불빛이 나가지 않도록 창과 문을 닫고 불을 끈 상태에서 진행한다. 이때 실내에는 샤먼의 기도 외에 아무런 잡소리도 없어야 하며 샤먼이 실내를 세 바퀴 돌면서 춤을 추며 노래를 부른 후 불을 켜면 이때 비로소 사람들은 신위에 감사의 절을 한다. 모든 의식이 끝나면 사람들은 삶은 고기를 나누어 먹으며 그날의 제사를 마친다.

4. 민가와 주거 풍습

집짓기 및 이사 관련 풍습

　가족이 함께 생활할 집을 짓는 일은 고금을 막론하고 매우 경사스러운 일이다. 따라서 전통적으로 모든 민족에 있어 새롭게 집을 짓는 것은 혼례와 더불어 가장 경사스러운 일로 간주되어 각 가정에서는 집 짓기에 공을 들이게 된다. 집은 인간의 일상생활 중 대부분이 이루어지는 공간으로 집주인과 평생을 함께해야 할 공간이기 때문에 일반적으로 사람들은 집을 지으면서 주거환경이 쾌적하도록 하는 한편, 그 집에 사는 사람들에게 행운과 길함이 오래도록 함께 하기를 바란다. 이 때문에 사람들은 집을 짓기 전이나 짓는 과정에서 조심하고 근신하며 동시에 예를 갖추는 의식을 진행하였다.

집을 짓기 위해 맨 처음 하는 일은 집터를 잡는 것이다. 좋은 위치에 집터를 잡는 것은 집 짓기의 기본으로 대부분의 사람은 햇볕이 잘 들고 물이 풍부한 지역을 중심으로 집터로 삼았으며, 반면에 절, 사당, 묘, 불모지 혹은 길, 개울 근처에는 집을 짓지 않았다. 이러한 풍습은 만주족에게도 마찬가지였는데, 특히 만주족은 주거지의 선택 및 주택의 관리에 있어 샤머니즘적인 요소가 많이 담겨 있다.

만주족의 선조들은 집을 옮기거나 새로 집을 지을 때 모두 샤먼을 초청하여 제사를 지내는 풍습이 있었는데, 이때 샤먼으로 하여금 점괘를 쳐서 이사하거나 집을 지을 길한 집터를 택하였다. 청나라의 발상지인 '혜투알라성(赫圖阿拉城)' 역시 샤먼이 꿩을 이용하여 점을 쳐서 정한 장소이다.

만주족은 서쪽을 길하게 여기는 풍습이 있어 집을 지을 때에도 서쪽을 가장 귀한 방향으로 여겼다. 중국 소수민족의 속어에는 '집은 서쪽이 이롭지 아니하다(宅不益西)'는 금기가 있었는데 이는 서쪽에 집을 지을 경우 집의 신을 다치게 하여 장차 가족 구성원이 사망하는 경우가 생긴다고 보았기 때문이다.23) 이처럼 대부분의 민족이 집터를 선정함에 있어 서쪽을 길하지 않은 방향으로 간주하고 있지만, 반대로 만주족의 집 짓기에는 '서쪽을 귀하게 여기고, 물과 가까운 곳을 길하게 생각하며, 산에 의지하고 있는 것을 부유한 것으로 여기는(以西爲貴, 以近

水爲吉, 以依山爲富)' 풍습이 있었다. 그 때문에 만주족은 집을 지을 때에는 반드시 먼저 서쪽의 행랑채(廂房)를 먼저 지은 다음 다시 동쪽 행랑채를 짓고 그 후 본채(正房)를 지었으며 본채의 내부 공간의 규모에 있어서도 서쪽 방을 동쪽 방보다 크게 짓고 이름을 상옥(上屋)이라 불렀다. 더 나아가 상옥의 서쪽 온돌(西炕)을 조상신에게 제사를 지내는 신성하고 정결한 장소로 삼았다.24)

하지만 실제로 금나라 이전에 만주족의 조상인 여진족이 숭상한 방향은 동쪽이었다. 이는 밝음과 따뜻함의 기원인 태양이 솟아오르는 곳이었기 때문으로, 여진족은 태양이 뜨는 동쪽으로 문을 내었다. 그러던 것이 금나라 이후 만주족이 주거 장소를 땅 밑에서 땅 위로 변경하고, 산자락의 양지바른 언덕에 나무를 이용하여 집을 짓게 됨에 따라 서북풍은 자연스럽게 산이 막아주었으나 동풍은 막을 수 없었다. 그리하여 동쪽 방은 비교적 춥게 되었고 이로 인해 경로사상이 극진한 만주족은 따뜻한 서쪽 방을 가장들의 거처로 정하였고, 제례를 행할 때에도 이곳에서 거행했는데 점차 이러한 풍습이 샤머니즘에서 오른쪽(서쪽)을 귀하게 여기는 풍습과 맞물리면서 서쪽을 귀하게 여기는 풍습으로 자리 잡게 되었던 것이다.

산에 기대고 물을 가까이하는 것은 인류가 거주하기에 이상적인 장소이다. 따라서 만주족의 선조들에게도 물을 공경하고, 산에 제사를 지내는 옛 풍습이 있었다. 그래서 만주족은 자신들의 집이 물에 가까울수록 길하게 여기고, 산에 가까울수록 부유하게 생각하는 민속 의식이 있었다. 그 때문에 만주족은 집을 물이 충분하게 확보되는 산자락에 지었다. 만주족은 집을 지을 때에 먼저 대들보 및 집의 골격을 세운 후 창과 문에 따라 벽돌을 쌓았는데 이때 친구들이나 친지들이 집 짓는 장소를 방문하여 대들보에 붉은 천을 걸면서 축하를 해주는 풍습이 있었다. 그리고 마지막 대들보를 올릴 때 폭죽을 터뜨리고, 집 주인은 대들보에 술을 부으면서 하늘과 신에게 제를 드리면서 상량가(上梁歌)를 불렀다.

만주족 주택의 실내 장식과 관련된 중요한 풍습 가운데 하나는 집의 서쪽 외벽 위에 사슴이나 소 힘줄로 만든 새끼줄을 걸어놓는 것이었다. 이는 반드시 샤먼의 신고(神鼓)의 뒤쪽에 꽂혀 있던 것을 사용했는데, 샤먼의 제례 중 사용하는 신고의 소리는 우주의 바람과 천둥의 소리를 대표하는 것이기 때문에 다 지어진 집이 어떠한 바람과 천둥에도 흔들림이 없으라는 의미였다. 한편 헤이룽장(黑龍江) 일부 지역에서는 집의 방문 가운데에 작은 거울을 달아놓기도 하였는데, 이는 과거 만주족의 샤먼들이 굿을 할 때 사용하던 구리거울(만주어로 '저리(擇里)', 즉 사악함을 피하는 보물)을 상징하는 것으로 사람들은 그 힘을 빌려 집 안에 사악한 기운이 들어오지 못하기를 기원하기 위함이었다.

주거지의 이전과 관련하여 만주족의 선조들은 본인의 의사와는 상관없이 지도자의 명령에 의해 주거 장소를 옮기는 풍습이 있었다. 수렵과 농경을 위주로 하던 만주족에게 집을 옮기는 일은 매우 드문 일인 동시에 지극히 개인적인 행위였다. 초기에는 씨족, 부락의 변화에 따라 주거지를 옮기던 것이 누르하치가 팔기제도를 수립한 이후에는 팔기의 통제를 받게 되었다. 따라서 군사와 정치의 필요에 따라 왕명으로 집단 이주가 결정되곤 하였다. 예를 들면, 1625년 후금(後金)이 선양으로 천도를 할 때 대부분의 만주족 관리 및 병사와 그들의 가족은 모두 누르하치를 따라 선양으로 새로이 거처를 옮겨 살았다. 순치제 원년인 1644년 청나라가 수도를 베이징으로 옮길 때도 일부분의 관리와 병사들은 베이징으로 따라 들어갔는데, 이를 '경사팔기(京師八旗)'라고 부른다. 이들은 청나라 조정의 규정에 따라 베이징의 동서남북에 각각 나뉘어 주둔하게 되었다. 그리고 베이징에 들어오지 않은 팔기 관료와 병사들에게는 선양에 남아 방위의 임무와 묘지를 지키는 임무를 수행하도록 하였다.

주거 관련 금기

만주족의 주택에 대한 생각은 여타 민족들과 비교해볼 때 독특한 점이 매우 많다. 특히 주거 생활과 관련하여 몇 가지 금하는 것이 있었는데 그중 하나는 문 앞에 도랑이 있는 지역에 집을 짓는 것을 매우 불길하게 생각하였다.[25]

만주족의 주거와 관련된 금기 가운데 하나는 상옥의 서쪽 온돌에는 함부로 앉거나 물건을 놓을 수 없다는 것이다. 이는 만주족의 고유 사상인 '서쪽을 크게 여기고, 남쪽을 다음으로 여기며, 북쪽을 작게 여기는' 사상 때문으로, 이로 인해 만주족은 온돌의 사용에 있어서도 서쪽 온돌을 가장 귀하게 여기고, 북쪽 온돌을 가장 천하게 생각하였다. 그 때문에 만주족은 상옥의 서쪽 온돌 위에는 제사 지낼 때 제사 도구 및 제사 음식들을 올려놓을 뿐, 임의로 그곳을 뛰어넘거나, 거기에 앉거나 눕지 못하도록 하였다. 그리고 더 나아가 서쪽 온돌에는 청결하지 못하거나 불길한 물품을 임의로 놓을 수도 없었다.

만주족의 가정에서 서쪽 벽에는 만주족이 가장 신성시하는 '조상 상자(祖宗匣子)'라고 부르는 상자를 놓아두었는데, 일반인들은 마음대로 그것을 열어볼 수 없었다. 이 때문에 만주족의 서쪽 온돌을 '부처님 온돌(佛爺炕)'이라고도 불렀으며 손님들은 서쪽 온돌에 개가죽으로 만든 모자나 가죽 채찍 등의 물건을 놓을 수 없었다. 만약 손님이 이를 위반할 경우 주인은 몹시 불쾌하게 생각하고 조상에 대한 불경인 것으로 간주하였다. 과거에는 서쪽 온돌에 놓는 궤짝과 탁자도 일정한 규격이 있었는데 서쪽 온돌의 긴 궤짝에는 절대로 칼이나 새끼줄 등을 놓지 못하였다. 이와는 반대로 제사용 돼지 잡는 데 사용할 끈은 반드시 서쪽 온돌에서 꼬아야 했다.

또한 만주족은 온돌의 사용과 관련한 금기가 있었는데 서쪽 온돌을 제외한 남쪽 온돌과 북쪽 온돌은 가족이 취침을 하거나 식사를 할 때 사용하였다. 햇볕이 잘 드는 따뜻한 남쪽은 연장자들이 주로 사용하였고, 북쪽은 연소자나 지위가 낮은 사람들이 사용하였다. 또한 만주족은 잠잘 때에도 금기가 있는데 평상시에 온돌 위에서 잠을 잘 때에는 방향과 위치에 모두 일정한 규율이 있었다. 남쪽 온돌에서 자건, 북쪽 온돌에서 자건 취침을 할 때에는 머리를 모두 온돌의 중앙을 향하도록 하고, 발은 창 쪽을 향하여, 신체를 온돌과 수직이 되도록 한 후 잠을 자야 했으며, 절대로 온돌과 나란하게 잘 수 없었는데, 온돌과 나란히 몸을 뉘는 것은 사람이 죽은 후에 시신이나 그렇게 하는 것이었기 때문이다. 온돌의 위치와 관련해서는 솥과 가까운 동쪽 부분이 비교적 따뜻하기 때문에 가족 가운데 연장자가 그곳에서 잠을 잤으며, 만약 손님이 올 경우에는 그곳을 손님에게 양보하였다.

만주족 민가의 금기 가운데 중요한 것 중 하나는 마당 한쪽에 세워놓은 신나무인 수어룬간(索倫杆)과 관련된 것으로, 제사를 지내기 위한 신성한 장소를 상징하는 이 신나무(神杆)는 그림자조차도 밟거나 건널 수 없는 것이었다.26) 대부분의 만주족 전통민가의 마당 한편에는 이 신나무(索倫杆)가 세워져 있었는데, 이곳에 가축들을 묶어두거나 가축들이 부딪히지 못하도록 하였으며 기타 물건들을 걸어놓을 수도 없었다. 그리고 신나무(索倫杆)의 받침돌 역시 임의로 옮길 수 없었는데 이는 제사를 지내는 신성한 장소이기 때문이다.

5. 생활문화 총체로서의 주거문화

주택은 초기에는 매우 단순한 형태로 시작되었던 것이 점차 인간의 생활이 다양해짐에 따라 지역, 민족 또는 문화에 따라 독특한 특징을 지니게 된 것으로, 한 민족의 전통 주택에는 그 민족이 처한 자연환경, 사회문화, 사회 구성원들의 이념과 가치관, 생활과 제도 등이 고스란히 들어 있다. 그 때문에 전통 주택은 인간의 생활을 담는 그릇으로서, 그 사회에 소속된 집단의 역사적 경험과 전통을 반영하는 생활문화의 총체적인 산물인 것이다.[27]

주거문화는 집단 구성원으로서의 인간이 주거 생활을 하는 과정에서 습득하고, 구성원들끼리 서로 공유하게 된 주거와 관련된 문화로, 넓은 의미로는 이를 계승·발전시켜 나가려는 '문화화(enculturation)' 과정까지도 포함한다. 그동안 특정 민족의 주거 형태 및 주거문화와 관련한 연구들은 자연환경의 영향을 강조하는 환경 결정론의 시각이 지배적이었다. 하지만 엄밀히 따져보면 주거문화의 형성에는 해당 민족이 처한 자연환경적인 요인 외에도 각 민족의 특수한 역사적인 배경 및 민족 전통문화의 영향이 크게 작용하였다.

중국 대륙을 300년 가까이 지배했던 만주족의 주거문화는 만주족이 생활하던 지역의 자연환경과 만주족 고유의 민족문화가 상호 영향을 주고받는 가운데 형성·발전된 것으로, 역사성과 시대성을 동시에 지니고 있다. 앞에서 언급한 바와 같이 만주족의 민가 건축물은 자연환경, 기후 및 만주족의 민족문화가 종합적으로 반영된 것이다. 하지만 동시에 만주족의 주거문화는 숙신, 읍루, 물길, 말갈, 여진, 만주로 면면히 이어져 내려온 만주족의 문화적·사회적 배경하에 형성된 것이다. 따라서 만주족의 주거문화에는 만주족 고유의 민족적 특색이 강하게 들어 있다.

만주족 전통민가의 외형은 만주지역의 기후 및 자연환경 요소의 영향을 강하게 받았다. 만주족 주택의 외형을 이루는 요소들 가운데 지붕의 경사도, 벽체의 두께 등은 기후적인 영향을 크게 받았다. 만주족 민가에 있어서의 특징인 경사가 급한 '∧' 형 지붕, 남쪽 창의 면적을 넓게 하고, 창호지를 창문의 바깥쪽에 바르는 것, 자루 모양의 방(口袋房)과 'ㄷ' 자 모양의 만주식 온돌(卍字炕) 등은 만주족이 생활하던 춥고 눈이 많이 내리는 만주지역의 기후 요소를 반영한 대표적인 사례이다. 또한 만주족 민가에서 굴뚝을 집의 벽에서 떨어지게 설치하는 것, 건물을 토대(土臺) 위에 짓는 것 등은 만주족 선조들이 생활하던 만주지역의 지형, 지세 등 자연환경과 관련이 있는 것이다.

만주족 전통민가의 내부 구조 및 건물 배치는 만주족의 정신문화, 즉 만주족 고유의 사상적 배경 및 전통 종교인 샤머니즘의 영향을 크게 받았다. 만주족은 샤머니즘의 영향으로 동쪽보다 서쪽을 더욱 숭상하여 본채(正房) 실내 공간의 배치에 있어 서쪽 방(上房)을 동쪽 방보다 더 크게 만들고, 서쪽 방의 서쪽 온돌을 신성한 공간으로 여긴다. 또한 민가의 공간 활용에 있어서도 샤머니즘의 종교적인 색채가 두드러지는데, 이는 서쪽 온돌(西炕)을 신에 대한 제사를 지내는 공간으로 이용하며, 마당을 하늘에 제사를 지내는 공간으로 삼아 마당 한쪽에 수어룬 간(索倫杆)이라고 부르는 신나무(神杆)를 세우는 것 등이 그 대표적인 예이다.

이처럼 만주족이 만주지역에서 오랫동안 생활하면서 접하였던 눈이 많이 내리는 추운 날씨, 험준한 자연환경, 만주족의 고유 신앙인 샤머니즘 등은 전통민가의 외형 및 내부 구조, 그리고 주거 풍습을 형성하는 데 중요한 역할을 하였다. 다른 한편으로는 만주족의 선조들에 의해 만들어진 민가 건축물 및 주거 공간은 그 속에서 생활하는 만주족에게 만주족의 전통과 사회적인 규범을 제공하였으며, 이로 인해 만주족 특유의 민족성이 후대까지 이어질 수 있도록 하는 문화전승의 중요한 수단이 되었다.

이상에서 살펴본 바와 같이 어느 한 민족의 주거, 주거문화
의 형성 및 발전은 객관적인 요소인 기후, 자연환경, 자연자원
등의 영향과 주관적인 요소인 사회의 구조 형태와 경제 환경,
주거 풍속 등 민족문화와의 상호작용 속에 발전해간다. 그 때
문에 어느 민족의 주거 및 주거문화를 올바로 이해하기 위해서
는 객관적인 요소와 주관적인 요소를 따로 떼어 생각할 수 없
으며, 민족문화의 주거문화에 대한 영향과 관련해서도 어느 한
쪽의 일방적인 영향보다는 상호작용에 비중을 두고 관찰해야
한다. 이렇게 하여 어느 민족의 주거문화를 제대로 이해할 수
있게 되면 그 민족의 생활문화를 총체적으로 이해할 수 있게
되는 것이다. 이는 주거 공간 자체가 인간의 활동이 이루어지
는 주된 공간이 되고 그로 인해 주거 생활에는 그 집단의 전통
문화가 고스란히 담겨 있기 때문이다.

제5장

선양고궁(瀋陽故宮)과
만주족 전통문화

1. 선양고궁: 청나라의 초기 황궁

　　1234년 금의 멸망 이후 만주 일대에 흩어져 생활하던 여진족은 16세기 말 누르하치에 의해 민족 통일을 이루게 되면서 점차 강대한 세력으로 성장하였다. 당시 누르하치의 군대는 거듭되는 전쟁의 승리를 통하여 세력을 키우면서 도읍을 페이알라성(佛阿拉城), 헤투알라성(赫圖阿拉城), 동경성(東京城)과 성경성(盛京城)으로 옮기면서 국가의 기틀을 다졌다.

　　누르하치는 1587년 건주여진(建州女眞)을 통일하고 현재의 랴오닝성 푸순시 신빈현(遼寧省撫順市新賓縣)에 위치한 만주어로 '작은 언덕'을 뜻하는 페이알라성(佛阿拉城)에 도읍을 정하였다. 평평한 산비탈에 건립된 페이알라성은 외성(外城)과 내성(內城)으로 되어 있는데, 내성의 중앙에는 누르하치의 거처를 마련하였고, 이를 중심으로 앞쪽으로 두 채의 행랑채를 서로 마주보게 하여 손님들을 맞는 동시에 누르하치가 국정을 총괄하는 장소로 삼았다. 이로부터 페이알라성은 도읍을 헤투알라성(赫圖阿拉城)으로 옮기게 되는 1603년까지 16년간 여진족 통일을 위한 정치, 경제, 군사 활동의 중심지가 되었다.

역시 현재의 푸순(遼寧省撫順市新賓縣永陵鎭)에 위치한 만주어로 '가로로 긴 언덕'을 뜻하는 '헤투알라성(赫圖阿拉城)', 즉 흥경성(興京城)은 청조의 발상지로 누르하치가 후금(後金)을 건국한 제1의 도성이다. 헤투알라성 역시 내성과 외성으로 나뉘었는데 내성은 둘레가 2.5킬로미터, 외성은 둘레가 5킬로미터에 이르렀다. 내성에는 누르하치의 가족 및 권속들이 기거하였으며 외성에는 정예 군인들이 생활하였다.[28] 헤투알라성은 후금이 발전하는 토대가 된 곳으로 이곳에서 누르하치는 후금을 건국하고 여진족을 급속히 성장시켜 이후 중원을 제패하는 데 필요한 기반을 마련하였다.

랴오양시(遼寧省遼陽市)에 위치한 동경성(東京城)은 1621년 누르하치가 선양(瀋陽)과 랴오양(遼陽) 등을 차지한 직후인 1622년에 군사상의 필요에 의해 당시 명나라 랴오둥(遼東)의 도읍지였던 랴오양성(遼陽城)으로 천도를 한 후 새로 만든 도성이다.[29] 하지만 1625년 동경성이 채 완공되기도 전에 누르하치는 도읍을 다시 선양으로 옮기게 되었으며, 이후 선양은 만주족 청나라의 초기 수도로서 중요한 기능을 수행하게 되었다.

1616년, 누르하치는 여진족을 통일하고 수백 년 전에 선조들이 사용했던 국호를 계승하는 의미로 '대금(大金)'을 건국하였으니, 바로 중국대륙의 마지막 왕조인 청의 전신 '후금(後金)'이다. 후금을 건국한 후 누르하치는 북방 민족의 전통에 따라 자신을 '칸(汗王)'이라 칭하고 연호를 '천명(天命)'으로 삼았다.

누르하치는 선양(瀋陽)과 랴오양(遼陽) 등을 포함하는 요동지역을 차지하고 도성을 랴오양의 동경성으로 천도한 지 얼마 되지 않아 전략적인 필요와 국내 민족 간의 갈등을 고려하여 천명(天命) 10년인 1625년 다시 선양으로 도성을 옮기게 되었다. 선양(瀋陽)은 이후 청나라 때에는 '성경(盛京)'으로 불린 곳으로 만주족이 강대한 군사력과 정치적인 실력을 쌓은 후에 세운 도성이다.

선양 천도 후 누르하치는 선양황궁(瀋陽皇宮)에 대정전(大正殿)과 십왕정(十王亭)을 건축하여 칸과 팔기대신들이 국정을 처리하는 장소로 이용하도록 하였고, 그의 거처는 성의 북쪽 문에서 멀지 않은 곳에 임시로 만들어놓은 '칸궁(汗宮)'에 정하였다. 하지만 누르하치는 선양 천도 후 2년째 되는 1626년 여름에 병으로 사망하였으며, 이로 인해 선양황궁은 그의 아들 청 태종 홍타이지(皇太極)에 이르러 완공을 보게 되었다.

누르하치의 사망 후, 그의 8남 홍타이지가 칸을 승계하여 연호를 천총(天聰)으로 삼고, 궁궐 건축을 계속 진행하여 대정전의 서쪽에 칸이 일상적으로 거주하고, 정사를 돌보는 공간을 건설하였다. 선양궁궐은 천총(天聰) 6년(1632)에 이르러 주요 부속건물들이 완공되면서 비로소 궁궐다운 면모를 갖추게 되었다.30) 이후 1636년 홍타이지는 국호를 '대청(大淸)', 연호를 '숭덕(崇德)'으로 개칭한 후 선양궁궐에서 대청제국의 황제로 등극하였다.31)

대청제국의 건국 이후 각종 의례와 제도를 확립하는 과정에서 선양황궁의 주요 건축물들에 정식으로 한자식 이름을 붙였는데, 대전(大殿)은 '대정전(大正殿)', 대문은 '대청문(大淸門)', 정전(正殿)은 '숭정전(崇政殿)', 중궁(中宮)은 '청녕궁(淸寧宮)'으로 명명되었다. 1637년 대청문 앞에 문덕방(文德坊)과 무공방(武功坊) 등의 부속 건축물들이 완공됨으로써 누르하치가 선양으로 천도한 지 12년 만에 선양황궁은 완성되었다.32)

선양은 이후 청 태종 8년(1634) '성경(盛京)'으로 개명되었으며, 궁궐 역시 '성경황궁(盛京皇宮)'으로 불리게 되었다. 이처럼 선양고궁은 1644년 청나라가 수도를 베이징(北京)으로 천도하기 전까지 청 태조 누르하치와 그의 후계자 청 태종 홍타이지가 20년에 걸쳐 국정을 돌보던 청나라 만주족 황제의 궁궐이다. 이곳에서 세력을 키운 청나라는 영복궁(永福宮)에서 태어나 3대 황제로 등극한 순치제(順治帝) 원년(1644)에 마침내 산해관(山海關)을 넘어 중원을 평정하고 300년 가까이 중국 대륙을 지배하였다.

2. 청녕궁: 만주족 전통문화의 정수

선양고궁의 건물 배치

선양고궁은 대청문(大淸門)에서 숭정전(崇政殿), 봉황루(鳳凰樓), 청녕궁(淸寧宮)에 이르는 일직선을 중심축으로 하여 좌우로 동로(東路), 중로(中路), 서로(西路)로 나누어지는데, 건축물은 모두 90여 개, 3백여 칸으로 되어 있다.

동로(東路)는 누르하치 때 만들어진 공간으로 북쪽 정중앙에 대정전(大正殿)이 자리 잡고 있다. 대정전 앞쪽으로는 동서 양측에 각각 5개의 정자가 위치하고 있는데 이를 모두 합하여 '십왕정(十王亭)'이라 부른다. 대정전은 원래 '대아문(大衙門)', '대전(大殿)', '팔각전(八角殿)' 등으로 불렸는데, 황위 계승, 군령 반포, 대사면 등 정치와 관련된 명령이 발표되고, 누르하치가 연회 등 국가의 큰 행사를 열던 장소이다. 십왕정은 좌익왕(左翼王)과 우익왕(右翼王) 및 팔기(八旗) 대신들이 사무를 보던 장소로 '팔기정(八旗亭)'으로도 불렸다. 선양고궁 조감도에서 볼 수 있는 대정전을 중심으로 '八' 자 형태로 건물이 배치되는 건축형식은 누르하치 때 건립된 팔기제도에서 팔기(八旗)와 패륵(貝勒)이 공동으로 국정에 참여하던 당시의 상황이 건축물에 구체적으로 반영된 것으로 중국 궁궐 건축사에 있어 흔하게 볼 수 없는 독특한 형태이다.

중로(中路)는 홍타이지 시기 조정의 사무를 보고 황제와 황후가 기거하던 '대내궁궐(大內宮闕)'이다. 中路는 숭정전을 중심으로 남쪽으로는 홍타이지가 국사를 보는 공간이고, 북쪽으로는 황후 및 황비들의 침소로 사용하는 공간이다. 중로는 남으로부터 대청문, 숭정전, 봉황루 및 황제의 침궁(寢宮)인 '토대 위에 지어진 5개 궁궐(臺上五宮)'이 자리하고 있다.

대청문은 선양황궁의 정문으로 문무백관들이 숭정전을 향하여 예를 올리던 장소이다. 숭정전은 고궁의 정전(正殿)으로 청태종 때 건립되었으며 황제의 업무를 위한 장소인 동시에 일상적인 조회 및 의례가 열리던 곳이다. 숭정전의 뒤로는 3층인 봉황루가 위치하고 있는데, 1층은 황후와 황비의 거주 지역으로 통하는 문이 있다. 봉황루는 청녕궁 등 5개의 궁전과 함께 4미터가량 땅을 돋운 토대(土臺) 위에 세워져 있다. 봉황루는

선양고궁 조감도

청 태종 시기에 지어졌으며 휴식과 연회 장소로 사용되었으나 청의 베이징 천도 이후 보물과 제왕의 초상을 모셔두는 장소가 되었다. 봉황루 뒤로는 청녕궁(淸寧宮)을 중심으로 관저궁(關雎宮), 린지궁(麟趾宮), 연경궁(衍慶宮), 영복궁(永福宮) 등 모두 5개의 궁이 위치하고 있다.[33]

　서로(西路)는 건륭제(乾隆帝) 때 증축된 문화·오락 기능을 위주로 하는 건축물들이다. 서로에는 누각과 비정(碑亭) 1개를 포함하여 모두 136칸의 방들이 있다.

　선양고궁의 동로와 중로는 청나라 초기인 누르하치와 홍타이

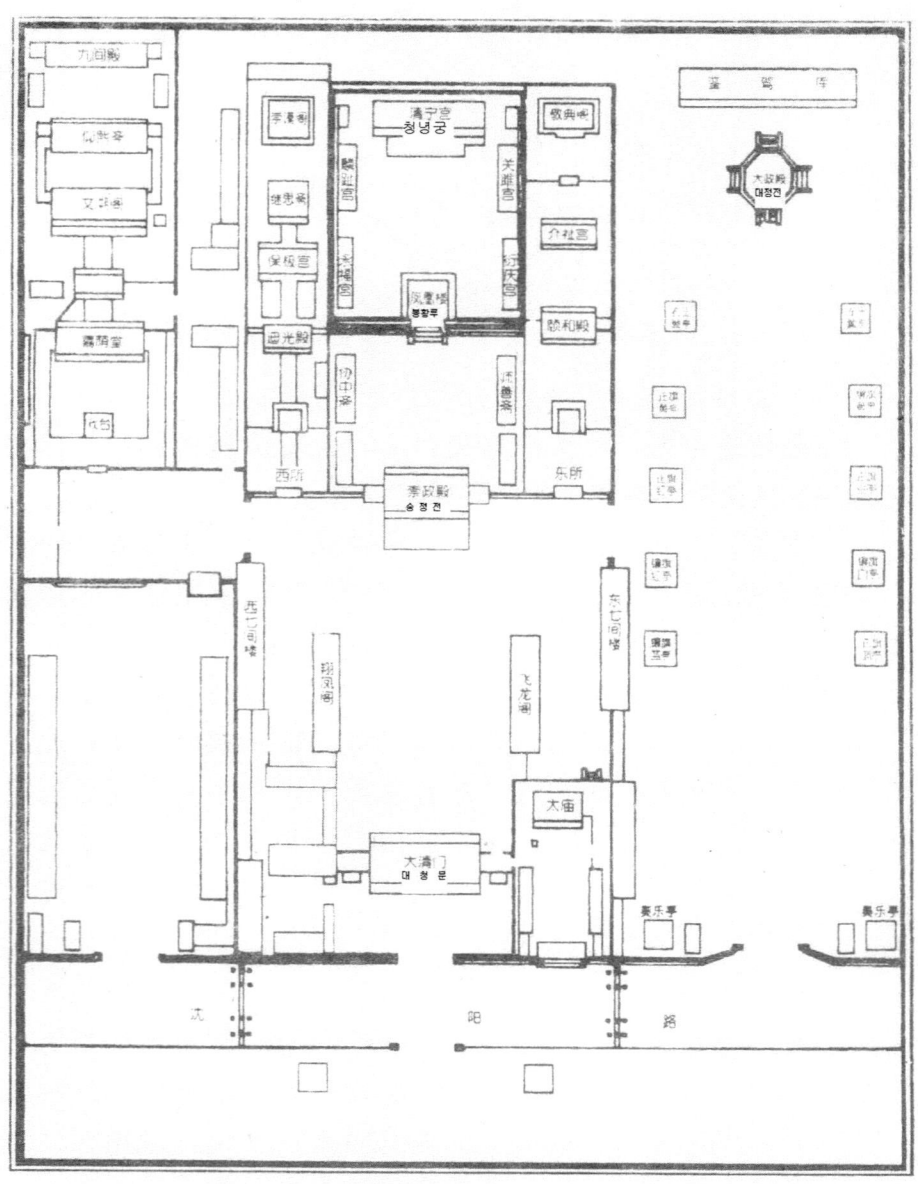

선양고궁 평면도

지 때 만들어진 것으로 만주족 전통 건축문화의 특징을 고스란히 지니고 있다. 예를 들어, 동로 십왕정의 '八字' 형태의 배치는 유목민족의 생활과 군사습관의 영향을 받아 형성된 팔기군영(八旗軍營)의 형식이며, 중로의 침궁(寢宮)의 건축양식은 만주족 거주의 특징인 흙을 높게 쌓은 후 그 위에 건축물을 세운 사합원(四合院)의 형태를 띠고 있다. 이처럼 선양고궁은 '황권지상(皇權至上)'의 표현인 동시에 건축의 특징으로는 만주족의 독특한 건축 풍모와 고도의 예술성을 갖추고 있는 만주족의 초기 황궁이다.

만주족 특색의 대표적 궁궐 건축

선양고궁의 여러 건물 중에서도 청녕궁(淸寧宮)은 만주족 고유의 문화를 잘 간직하고 있는 대표적인 건물이다. 청녕궁은 청나라 태종 초년에 건립하였으나 국호를 '대청(大淸)'으로 고친 후 정식으로 '청녕(淸寧)'이라는 이름을 부여받았다.

청녕궁은 맞배지붕으로 된 5칸 건물로 건물의 앞과 뒤에 행랑이 딸려 있다. 청녕궁은 지붕의 유리로 만든 기와와 처마의 채색화를 제외하고는 과도한 외부장식이 없는 상당히 소박한 맞배지붕의 건물로, 외형적으로나 내부 구조에서 전형적인 만주족 전통 건축의 풍격을 지니고 있으며, 부속건물과의 어울림에 있어서도 만주족 민가 고유의 건물 배치 방식을 따르고 있다.

황제의 침궁(寢宮)인 청녕궁을 포함하는 5궁의 건물 배치는 만주족 전통의 주택 배치 형태를 띠고 있다. 5궁은 모두 높이 3.8미터의 인공적으로 쌓아 올린 토대 위에 지어졌다. 높게 쌓아 올린 토대 위에 지은 5개의 궁은 건물의 배치에 있어서도 동서남북 네 방향이 막힌 형태인 사합원(四合院)의 구조를 띠고 있다. 즉, 북쪽의 중심에 남쪽을 향해 청녕궁(淸寧宮)을 배치하고 앞쪽으로 좌측인 동쪽에 관저궁(關雎宮)과 연경궁(衍慶宮)을 우측인 서쪽에 린지궁(麟趾宮)과 영복궁(永福宮) 등 황비의 궁을 배치하였다. 이는 만주족 전통민가에서 북쪽에 본채, 즉 정방(正房)을 위치시키고 본채를 중심으로 남쪽을 향해 좌우에 행랑채, 즉 상방(廂房)을 배치하던 것과 같은 맥락이다. 청녕궁과 4개의 황비궁의 배치는 'ㄷ' 자를 시계방향으로 90도 돌려놓은 형상을 하고 있으며, 그 앞 정중앙에는 대문 역할을 하는 봉황루(鳳凰樓)가 위치하여 5궁 전체가 직사각형 모양으로 이루어져 있는데, 이러한 건물 배치 형태를 가진 주택을 중국에서는 사합원(四合院)이라 부른다.

청녕궁의 대문 역할을 하는 봉황루는 당시 선양황궁 내에서 가장 높은 건축물로 망루에 오르면 일출을 볼 수 있었는데, 봉황루 일출은 당시 '성경팔경(盛京八景)' 중의 하나였다. 봉황루를 통해 청녕궁의 마당으로 올라서면 오른쪽에 '수어룬간(索倫杆)' 또는 '수어뤄간(索羅杆)'이라 부르는 신나무(神杆)가 세워져 있다. 수어룬간은 네모난 돌기둥 위에 세워진 붉은 색으로 칠한 나무 기둥으로, 높이가 3미터가량 되는 위로 갈수록 가늘어지는 기둥 꼭대기에 사발을 올려놓은 형태로 되어 있다.

청나라 때에는 선양황궁에 전문적으로 까마귀에게 먹이기 위한 까마귀용 식량이 준비되어 있어 매일 수많은 까마귀가 청녕궁 뜰에 있는 수어룬간에 와서 모이를 먹는 장면이 연출되었는데, 이러한 모습인 '궁궐의 까마귀 무리(宮殿群鴉)'는 '성경팔경(盛京八景)' 중의 하나였을 정도로 장관이었다.[34]

선양고궁의 청녕궁(清寧宮)

3. 선양고궁과 만주족 전통문화

만주족 초기 생활문화의 반영

　선양고궁에는 산간지역에서 수렵으로 생활을 이어가던 만주족의 선조인 여진족의 생활문화가 고스란히 담겨 있다. 누르하치에 의해 후금이 세워지기 전까지 만주족은 오랫동안 만주의 산간지역에서 수렵생활을 하였으며 이러한 생활방식은 후에 평지로 내려와 농경생활을 겸하면서도 변치 않고 만주족 고유의 문화적 특징으로 유지되었다. 선양고궁을 통해 알 수 있는 만주족의 기후 및 자연환경과 관련된 문화의 특징으로는 토대를 쌓고 그 위에 건물을 짓는 것, 실내에 'ㄷ'자형 온돌을 설치하는 것, 굴뚝을 건물에서 떨어뜨려 만드는 것, 벽을 두껍게 바르는 것 등이 있다.

우선 평지에 높은 토대(土臺)를 쌓고 그 위에 건물을 짓는 것은 만주족 고유의 전통으로 일반 백성은 물론 황제도 이러한 방식으로 주택을 지었다.[35] 만주족이 높은 토대를 쌓고 그 위에 집을 짓는 이유는 바로 만주족의 선조들이 산간지역에서 오랫동안 생활해온 습관과 밀접한 관련이 있다. 일찍이 만주족의 선조들은 산간지역에서 생활할 때 안전과 시야를 확보하기 위하여 산등성이나 산의 높은 곳에 집을 지었다. 이러한 초기의 습관들이 시간이 지나면서도 지속되었으며 이후 만주족 고유의 건축 풍습으로 후대에도 전승되게 되었다. 그 때문에 만주족이 평원으로 내려와 살기 시작한 이후 짐승들로부터의 위험이 적고, 시야를 확보할 필요가 없었음에도 과거의 풍습에 따라 집을 지을 때에는 먼저 토대를 쌓은 후 그 위에 건물을 지었다. 만주족의 경우 권세가 높을수록 더욱 높은 곳에 집을 짓는 풍습이 있었는데, 이처럼 높은 장소에 집을 짓는 것은 자신의 높은 지위를 남들에게 드러내는 일종의 상징이었다.[36] 선양 황궁의 청녕궁(淸寧宮) 역시 만주족의 전통 양식에 따라 평지에 토대를 쌓고 그 위에 건물을 지었는데, 이로 인해 높은 위치에 있는 황제의 권위를 드러내는 역할을 하였다.

다음으로 만주족 민가의 건물 벽을 두껍게 하고 실내에 온돌을 설치하는 것 등은 만주족이 생활하던 지역의 추운 기후와 연관이 있다. 즉, 만주족이 생활하던 만주지역의 산간지역은 겨울이 길고 몹시 추웠기 때문에 이를 이겨내기 위한 난방법이 강구되었는데,

이것이 바로 만주족의 대표적인 온돌 형태인 'ㄷ' 자형 온돌과 바닥 난방이다.37) 청녕궁 역시 이러한 만주족의 전통 난방법을 차용했는데 청녕궁의 오른쪽에 난 출입문을 통해 안으로 들어가면 좌측(서쪽)의 상옥에는 남쪽, 서쪽 그리고 북쪽의 3개 면을 'ㄷ' 자 모양으로 잇는 온돌이 설치되어 있다. 이 '완즈캉(萬字炕)'은 겨울철의 한기를 방지하고, 실내의 온도를 유지하기 위해 설치한 난방을 위한 전통 시설로 청녕궁 내부 공간의 절반 이상을 차지하고 있다. 청녕궁에는 '완즈캉(萬字炕)' 외에도 난방을 위한 장치인 온돌바닥(火地)이 설치되어 있다. 즉, 실내 바닥에 연기가 빠져나갈 수 있도록 길을 만들어 부엌에서 불을 때면 그 열기는 'ㄷ' 자 형태의 온돌로 전달되는 동시에 청녕궁의 바닥을 통해 연기가 굴뚝으로 빠져나가면서 상옥의 바닥을 데우도록 되어 있다. 따라서 청녕궁은 '완즈캉(萬字炕)'과 더불어 바닥 전체의 온돌로 추운 겨울을 나기에 적당하도록 되어 있다.

또한 청녕궁(淸寧宮)의 지붕은 경사가 급한 맞배지붕을 하고 있는데, 이 역시 만주지역의 기후적 요소에서 유래한 만주족 민가의 전통 지붕 양식을 빌려온 것이다. 춥고 눈이 많이 내리는 만주지역의 특성상 지붕의 경사도가 완만할 경우 눈이 쌓이기 때문에 지붕의 경사도를 급하게 하여 눈이 지붕에 쌓이지 못하고 오자마자 바닥으로 떨어지도록 설계하였다. 청녕궁 역시 지붕을 경사가 급한 '∧' 모양으로 만들고 그 위에 기와를 촘촘히 올려 겨울철의 눈으로 인한 피해를 미연에 방지할 수 있도록 하였다.

청녕궁의 맞배지붕

청녕궁의 완즈캉(萬字炕)

만주족 민가 건축에는 자연환경의 영향으로 인해 만들어진 것도 있는데 그 대표적인 예가 건물에서 떨어뜨려 만든 '후란(呼蘭)'이라고 부르는 굴뚝이다. 청녕궁의 서쪽 후면에는 난방을 위해 피

청녕궁의 굴뚝

운 연기를 밖으로 내보내기 위해 필요한 굴뚝이 설치되어 있다. 청녕궁에는 하나만 있지만 대부분의 만주족 건물은 좌우에 2개씩 설치하는 것이 보통으로 건물의 양쪽 벽에서 떨어지게 만든다. 다른 민족의 굴뚝이 집 건물과 붙어 있는 것과는 달리 만주족 민가의 굴뚝이 건물에서 떨어져 있는 것은 화재의 위험에 노출되어 있던 만주족 선조들의 산림 생활에서 유래하였는데, 청녕궁의 굴뚝도 이 같은 만주족의 전통 방식에 따라 굴뚝을 청녕궁 건물 서쪽 뒤편에 따로 떼어 설치하였다. 청녕궁의 굴뚝은 벽돌을 네모난 형태로 쌓아 만든 9층짜리로 멀리서 보면 하나의 큰 탑처럼 보인다. 굴뚝의 크기는 건물의 크기와 비례하는 법인데 굴뚝이 높으면 연기를 빨아들이는 흡연력(吸煙力)이 세서 난방에 유리하였다. 따라서 황제 및 황후의 침소인 청녕궁의 경우 난방에 신경을 써야 했고, 그 결과 건물의 크기와 건물 주인의 신분에 걸맞게 크고 높은 굴뚝을 세우게 된 것이다.

청녕궁의 실내 공간과 샤머니즘

전체가 5칸으로 되어 있는 청녕궁은 출입문을 정중앙에 내지 않고, 동쪽에서 두 번째 칸에 내었으며, 실내의 서쪽 4칸은 벽을 설치하지 않은, 말 그대로 열어놓은 자루 형태의 독특한 모양을 하고 있다. 이러한 형태는 일반 만주족 민가에서 흔히

볼 수 있는 고유한 특징으로, 만주족 민가에서는 이렇게 오른쪽에 치우쳐 낸 출입문을 통해 안으로 들어가면 그 공간이 바로 부엌이 되며 좌우 양쪽에 동쪽과 서쪽 방으로 통하는 입구가 위치하게 된다. 이러한 양식에 따른 방의 모양이 커다란 자루 모양을 닮았다고 하여 '자루방(口袋房)' 또는 '통방(筒子房)'이라고 부른다.

일반적으로 만주족의 민가는 대부분 3칸 혹은 5칸으로 되어 있는데 3칸 집인 경우 동쪽의 첫째 칸에, 5칸 집인 경우 동쪽에서 두 번째 칸에 문을 낸다. 이는 떠오르는 태양을 숭상하는 만주족 선조들의 풍습 때문이다. 이러한 만주족의 풍습에 따라 전체 5칸으로 되어 있는 청녕궁도 동쪽에서 두 번째 칸에 문을 내었으며, 오른쪽을 신성시하는 샤머니즘의 영향을 받아 청녕궁의 서쪽 방인 상옥(上屋)을 청녕궁 전체 면적의 60% 이상을 차지할 정도로 크게 만들었다.

청녕궁(淸寧宮)의 실내 공간은 크게 세 부분으로 나누어지는데, 남과 북으로 '一' 자형 온돌이 놓여 있는 동쪽 첫째 칸은 난각(暖閣)이라고도 불리는 청 태종 홍타이지 부부가 침실로 사용하던 공간이다. 출입문이 위치하는 동쪽에서 두 번째 칸은 난방 및 제사 때 고기를 삶기 위한 공간으로 사용되는데, 부뚜막을 설치하여 북쪽의 창가에는 두 개의 큰 솥을 걸었고, 남쪽의 출입문 옆에는 제사용 솥을 하나 걸었다. 이 같은 침실과 난방용 공간을 제외한 나머지 서쪽의 3칸은 일상생활에서 중요하게 이용되는 공간으로 황제부부가 식사할 때 사용하는 것 외에도, 황제가 대신들과 회의를 하거나 중요한 손님들을 맞아 연회를 베푸는 자리로도 활용되었다. 또한 부엌을 포함하는 청녕궁의 서쪽 4칸은 황제가 가제(家祭)를 지내는 데 필요한 제사공간으로 이용되었다.

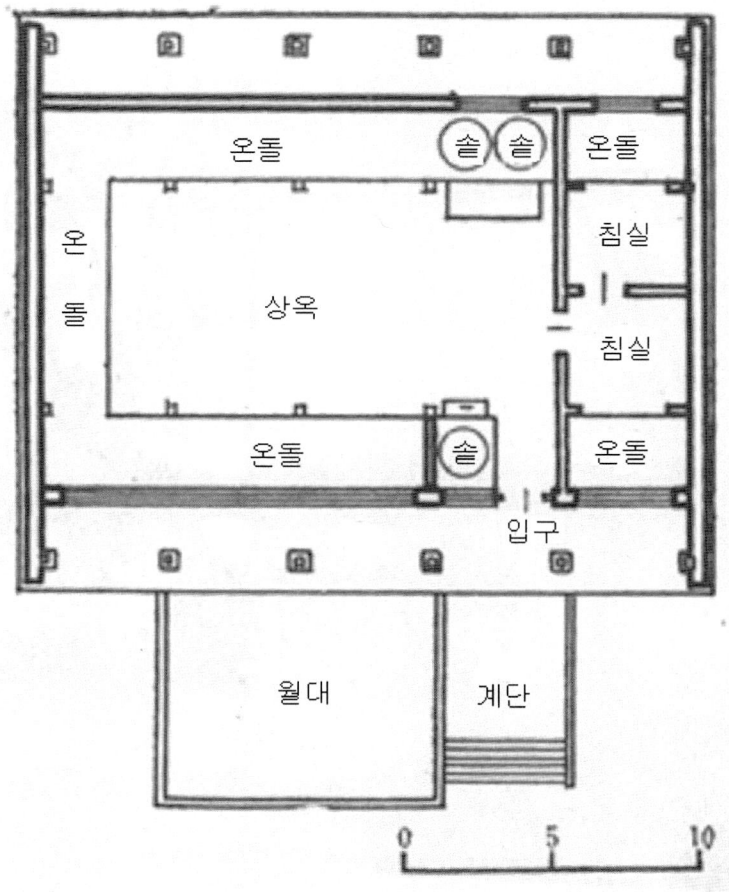

청녕궁(淸寧宮) 평면도

만주족 민가 상옥(上屋)의 실내 서쪽 벽에는 제사를 위한 신위(神位)를 설치하게 되기 때문에 민가 상옥의 서쪽 온돌은 만주족에게는 지극히 신성한 곳으로 일반인들은 감히 함부로 쳐다보아서도 안 되는 공간이다. 또한 상옥의 남쪽 온돌과 북쪽 온돌 사이의 넓은 공간 역시 샤먼이 신을 부르기 위한 장소로 사용되었다. 이 같은 만주족의 민가의 샤머니즘적 특색은 청녕

청녕궁 상옥의 신위(神位)

궁 상옥의 '완즈캉(萬字炕)' 및 기타 공간에도 그대로 반영되었는데, 상옥의 서쪽 벽에 조상의 신위를 안치하여 샤먼제사를 지내는 신성한 공간으로 활용하였으며, 청녕궁의 동쪽 두 번째 칸에 설치된 부뚜막 및 큰 솥 역시 제사를 지내는 데 필요한 고기를 삶는 용도로 이용되었다.

신조(神鳥) 숭배와 신나무(神杆)

만주족은 유난히 새를 숭배하는 전통을 가지고 있는데 이는 과거 만주족의 선조들이 새와 밀접한 관련을 가지고 있었기 때문이다. 즉, 산간지역에서 수렵으로 생활을 이어가던 만주족에게 있어 자유자재로 하늘을 나는 새는 사람의 영혼을 하늘로 실어 나르고 하늘의 뜻을 지상으로 전달하는 신령한 존재로 여겨졌고, 이러한 생각은 새를 신성시하고 숭배하도록 만들었다. 하지만 이러한 원시적인 초자연에 대한 숭배사상 외에도 만주족이 새를 숭배하게 된 것은 만주족의 시조, 누르하치 등 만주족 영웅들과의 관련성 때문이다.

새와 만주족의 영웅이 함께 관련된 신화 가운데 대표적인 것은 검은 까치(喜鵲)가 등장하는 만주족의 시조신화(始祖神話)이다. 만주족 시조신화에 따르면 옛날 하늘의 여인인 '포쿠룬(佛庫倫)' 이 백두산 천지에서 언니들과 목욕을 하다가 하늘에서 날아온 까치가 입에 물고 있던 붉은 열매를 먹고 임신을 하게 되어 사내아이를 낳았으니, 그가 바로 만주족의 시조인 '푸쿠리옹순(布庫里雍順)'으로, 이후 장성하여 나라를 세우고 만주족의 시조가 되었다고 한다. 이처럼 만주족 시조신화에 신조(神鳥)가 등장하는 경우는 매우 많은데『滿洲實錄』,『神鵲通天』,『天宮大戰』,『白雲格格』등의 문헌에도 하늘을 나는 새가 세상을 창조한다는 내용이 많다.

만주족의 영웅과 새가 관련된 또 다른 신화로는 '누르하치와 까마귀(烏鴉)' 설화가 있다. 누르하치는 어릴 적에 요동성의 총병(遼東總兵) 이성량(李成梁)38)의 집에서 허드렛일을 하며 살았다. 어느 날 주인의 발을 씻기던 중 이성량이 자신이 어떻게 이렇게 높은 자리에 오를 수 있게 되었는지를 묻고, 누르하치가 이에 답하는 과정에서 누르하치가 장차 크게 될 위인임을 간파한 이성량이 누르하치를 미리 제거하여 후환을 없애려 하자, 누르하치는 도망을 하게 되고 절체절명의 위기에서 까마귀들의 도움을 받아 생명을 건지게 된다. 그 후 누르하치는 새를 만주족이 가장 숭배해야 할 대상으로 삼았으며, 이후 모든 만주족의 집에는 새를 먹이기 위한 시설을 갖추게 하였으니 그게 바로 수어룬간(索倫杆)이라는 것이다. 이 두 이야기처럼 만주족의 시조를 낳거나, 영웅을 도운 까치(喜鵲)와 까마귀(烏鴉)와 같은 새는 후에 신화 및 설화적인 각색을 통해 만주족의 신조(神鳥)로써 신성시되었다.

만주족의 새 숭배는 산간지역에서 생활하던 고대에 인간의 영혼과 하늘을 이어주는 매개물에 대한 경외감에서 출발하여 평야지대로 생활의 근거지를 옮긴 후에는 만주족의 영웅과의 관련을 통해 새의 신성성이 강화되었으며, 새 숭배의 장소 역시 변화를 가져오게 되었다. 즉, 초기 만주족 선조들이 산간지역에서 생활하던 때에는 신나무(神樹)에 제사를 지내던 것이 평지로 삶의 터전이 바뀐 후 주택의 마당에 신나무(神杆)를 세우고

청녕궁의 신나무(神杆)

이를 통해 새에 대한 경의를 표하고 더 나아가 하늘에 제사를 지내는 방식으로 신조에 대한 숭배가 이어졌던 것이다.[39]

만주족의 선조들이 신조(神鳥)를 숭배하고 하늘에 제사를 지내기 위한 목적으로 만주족 민가의 마당에 세우던 신나무(神杆)를 청녕궁의 마당 동남쪽에도 세웠는데, 청 황실에서는 집안 제사 때 천제(天祭)를 위해 수어룬간(索倫杆)을 설치하고, 제사 때에는 그 아래에 상을 놓고 삶은 돼지고기를 제물로 바쳤다. 이렇듯 선양고궁의 청녕궁 앞마당 한쪽에 세워놓은 수어룬간(索倫杆)은 만주족의 하늘(天神)과 신조(神鳥)숭배 사상이 담겨 있는 중요한 상징물이다.

제6장

자금성(北京紫禁城)과
만주족 주거문화

1. 만주족 주거문화의 자금성 유입

　선양고궁에 투영된 만주족의 전통적인 주거문화는 1644년 청이 산해관(山海關)을 넘어 베이징으로 도읍을 옮긴 이후에도 지속되어 명(明)의 황궁이었던 자금성(紫禁城) 중건에도 영향을 끼쳤다.
　자금성은 외형에서는 기본적으로 명대(明代)의 궁궐 건축양식을 따르고 있으나 그곳에서 청나라의 최후 때까지 거처했던 사람들이 만주족 황제 및 그 가족들이었던 탓에 궁궐 곳곳에는 만주족의 민족문화가 짙게 배어 있다. 특히 자금성의 후원(後園), 즉 명대 황후의 침궁(寢宮)이었던 자리에 지은 곤녕궁(坤寧宮)은 만주족의 초기 궁궐인 선양고궁의 청녕궁(清寧宮)을 그대로 모방하여 개축한 것으로, 공간의 배치 및 활용 등에 있어 만주족의 생활문화가 고스란히 담겨 있다.

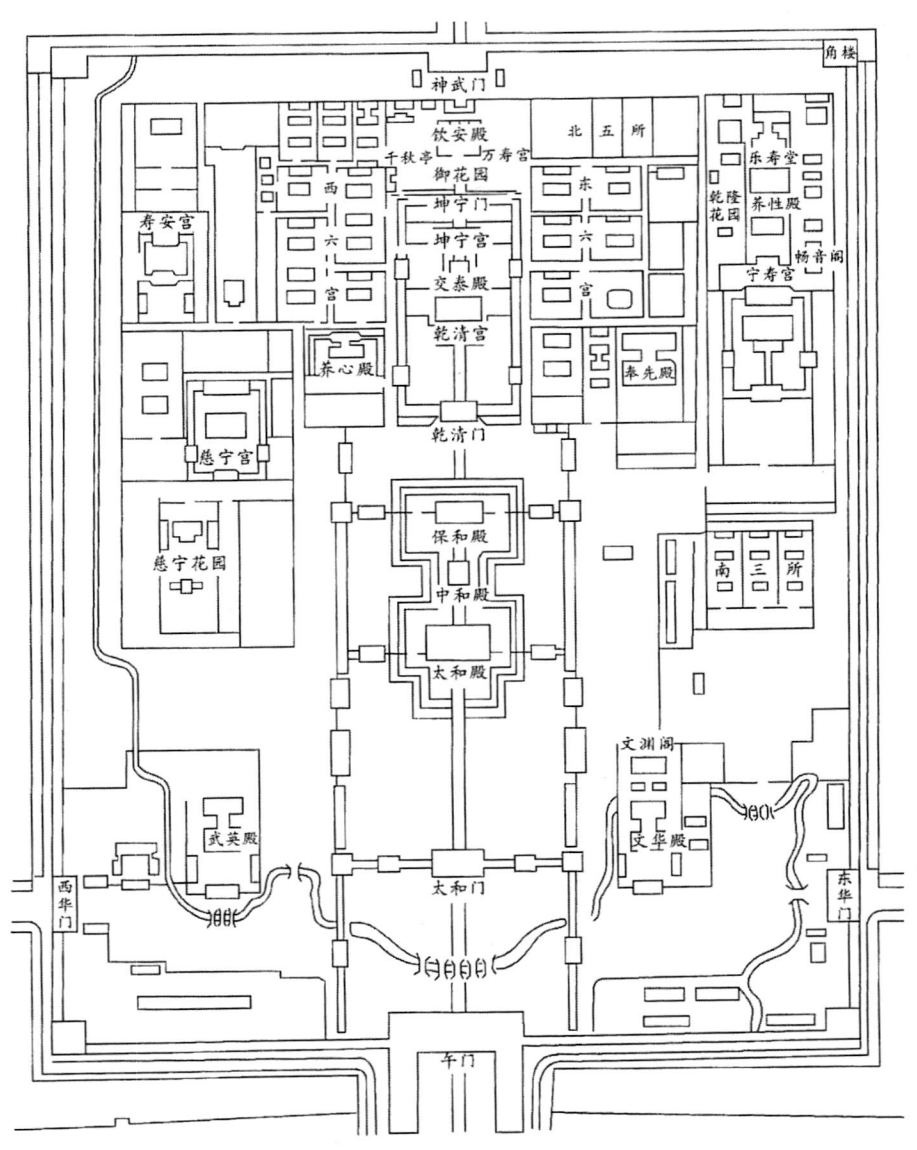

宁寿宫(영수궁), 坤宁门(곤녕문), 坤宁宫(곤녕궁), 交泰殿(교태전),
乾清宫(건청궁), 乾清门(건청문), 太和门(태화문), 午　门(오　문)

자금성(紫禁城) 평면도

현재 자금성 내에 있는 여러 궁전들 가운데 유독 두 채의 서로 닮은 건축물을 찾을 수 있는데 그것은 바로 가운데 길(中路)에 있는 곤녕궁(坤寧宮)과 바깥 동쪽 길(外東路)에 있는 영수궁(寧壽宮)이다.

1644년 입관 후 순치제는 이자성(李自成)의 농민군들이 파괴한 자금성을 복구하는 과정에서 정전(正殿)을 비롯한 대부분의 건물은 이전의 명대(明代) 건축양식에 따라 복원하였으나, 명대 황후가 기거하던 침궁(寢宮)인 곤녕궁(坤寧宮)은 만주족 특색을 갖춘 만주족의 전통 건축양식에 따라 중건하였다. 또한 건륭제는 자신이 황위를 이양한 후 노후를 보낼 생각으로 자금성의 중축선 오

자금성(紫禁城) 조감도

른쪽에 영수궁(寧壽宮)을 건축하였는데, 이 역시 곤녕궁과 마찬가지로 만주족 특색의 건축양식을 담고 있는 것으로 선양고궁의 청녕궁을 그대로 모방한 것이었다.

두 채의 궁궐은 서로 같은 두 개의 문을 당기거나 밀어 열고 닫을 수 있도록 만든 쌍여닫이문으로 되어 있으며, 화려하지 않고, 격자무늬 창호, 창문 밖에 바른 창호지 등에서 서로 공통점이 있다. 이처럼 자금성의 두 궁궐에는 만주족 민가 전통의 주거양식과 만주족의 특색이 많이 남아 있으며, 궁궐의 쓰임에 있어서도 두 궁궐 건물은 모두 청나라 황제가 신에 대한 제사(祭神)를 지내기 위한 중요한 장소로 사용할 것을 전제로 지어졌다. 그 때문에 곤녕궁은 1655년 신에 대한 제사를 위한 장소로 개축된 이래 청나라 마지막 황제 부의(溥儀)가 퇴위하기까지 향불이 꺼지지 않았던 장소이다. 그러나 영수궁에서는 한 번도 신에 대한 제사활동이 벌어지지 않았다.

2. 황후의 처소: 명나라 곤녕궁

곤녕궁(坤寧宮)은 자금성의 북쪽에 위치하고 있는 내정(內庭) 3궁의 하나이다. 건청문(乾淸門)을 지나 내정으로 들어서면 남쪽에서부터 차례로 황제가 거주하면서 업무를 처리하던 공간인 건청궁(乾淸宮), 황후가 생일날 하례를 받던 장소인 교태전(交泰殿), 그리고 북쪽에는 황후의 처소인 곤녕궁이 위치하며, 곤녕궁의 북쪽으로 곤녕문이 위치한다. 하늘에서 내려다보면 곤녕궁, 교태전, 건청궁이 한자로 '工' 자 모양으로 배치되어 있는데, 건청궁은 하늘이고, 곤녕궁은 땅이며, 교태전이 중간에서 하늘과 땅을 이어주는 모양을 하고 있다.

곤녕궁은 명나라 영락 18년(1420)에 건립되었다가 1514년과 1596년 두 차례 화재로 소실되었던 것을 1605년에 다시 지은 궁궐이다. 1645년 순치제(順治帝)는 곤녕궁을 만주족 전통 건축양식으로 중건하였고, 10년 뒤인 1655년 선양(瀋陽)의 청녕궁을 모방하여 만주족 특색에 맞게 완전히 다시 수리하여 청나라가 멸망할 때까지 사용한 명과 청의 두 왕조 500년의 역사를 간직한 궁궐이다.

명나라 때 황후가 거주하는 공간이었던 곤녕궁은 주역의 건(乾)과 곤(坤)의 두 괘에서 그 이름이 유래된 것으로, '곤(坤)'은 땅을 의미하는 동시에 정적인 것과 어머니를 의미하고, '녕(寧)'은 평온함과 안녕을 의미한다. 따라서 곤녕은 대지처럼 평온하고, 안정적인 것을 뜻하는 것으로, 곤녕궁(坤寧宮)이라는 이름에는 '황후는 후궁의 주인인 동시에 천하의 어머니이므로 모름지기 대지(大地)처럼 평온하고 안정적이며, 어떠한 어려움에도 흔들리지 않는 마음을 품고 있어야 한다'는 의미를 담고 있다. 명나라 때의 곤녕궁은 중궁(中宮)이라고도 불렸는데, 명을 멸망시킨 이자성이 베이징을 공격해왔을 때 명나라 숭정제(崇禎帝)의 황후 주 씨는 바로 이 곤녕궁에서 자결한 바 있다.

곤녕궁은 남쪽으로 방향을 잡고 있는데, 명나라 때의 곤녕궁은 가로 아홉 칸, 세로 세 칸의 건물로, 정중앙에 문이 나 있는 형태의 건물이었다. 당시에는 황금색 유리 기와로 지붕을 하고, 횡목에 채색화가 그려져 있었고, 지붕에는 건청궁의 아홉 개보다 두 개 적은 일곱 개의 잡상이 있었다. 동쪽과 서쪽에 각각 '난각(暖閣)'이라고 불리는 난방이 되는 작은 방이 하나씩 있어 동쪽 방을 황후의 침실로 사용하였다. 이처럼 명나라 때의 곤녕궁은 황후가 기거하는 거실로 완벽하게 꾸며져 있었는데, 네모반듯하고 우아하며, 중원 한족의 전형적인 궁전 건축 양식을 유지하고 있었다.

3. 샤먼 제사 장소: 청나라 곤녕궁

만주족이 산해관을 넘어 중원을 차지한 이후 청의 순치제는 자신의 필요에 따라 자금성에 대한 개축을 진행하였다. 특히 순치 2년(1645)과 12년(1655) 만주족 전통 건축의 특색에 맞춰 곤녕궁을 보수하여 샤머니즘의 신에 대한 제사를 지내는 장소와 황제가 혼례를 치를 때 머무는 신방(洞房)으로 삼았다.

우선 전방 9칸으로 되어 있는 곤녕궁은 만주족의 전통 건축 양식에 따라 출입문을 건물의 중앙이 아닌 오른쪽에 치우쳐 내었다. 명대에는 한족의 풍습에 따라 건물의 정중앙인 가운데 칸에 문을 냈었으나, 청나라 때에는 만주족의 풍습에 따라 건물 아홉 칸 중에 통로로 사용되는 좌우 각각의 1칸씩을 제외한 7칸 중에서 동쪽에서 세 번째 칸에 문을 내어 출입을 할 수 있도록 하였다. 출입문을 열고 들어가면 마주하게 되는 가운데 방인 당옥을 중심으로 서쪽 방을 더 크게 만든 다음, 문의 서쪽 4칸에는 남쪽, 서쪽, 북쪽의 3면을 'ㄷ' 자 모양으로 연결한 온 돌을 설치하여, 신에게 제사를 지내는 장소로 삼았다. 그리고 문을 열고 들어가면 마주 보이는 곳에 부뚜막을 설치하여 제사에 필요한 고기를 삶을 수 있도록 하였으며, 동쪽의 두 칸을 침실로 사용할 수 있도록 개조하였다.

문의 모양도 만주족의 주거 풍속에 따라 바꾸었다. 출입문의 경우 양쪽에서 열 수 있도록 한 쌍여닫이문으로 바꾸었으며, 창문 역시 만주족 전통 양식으로 고쳐 창문을 안에서 좌우로 여는 방식이 아닌, 창문을 밖에서 위로 열어 고리에 거는 방식으로 바꾸었다. 또한 만주지역의 추운 기후에 적응하기 위해 만들었던 만주족 전통민가의 창문의 특징을 살려 창의 크기도 원래보다 작게 만들었으며, 동시에 창호지를 창문의 밖에서 붙이는 형태로 바꾸었다.

또한 곤녕궁 앞의 동남쪽에는 하늘에 제사를 지내기 위한 신나무(神杆)인 수어룬간을 세웠다. 이 신나무는 돌 위에 세웠는데, 기둥은 나무로 만들고, 돌 위에 고정시킨 다음 꼭대기에 둥근 그릇을 올려놓아 제사를 지낼 때 곡식과 고기를 놓을 수 있도록 하였다. 신나무의 높이는 선양고궁에 있는 수어룬간(索倫杆)보다 더 높이 세웠는데, 이는 신나무가 높을수록 귀하게 여기는 만주족의 풍습 때문이었다.

동쪽의 2칸을 연결한 침실은 황제들이 결혼을 할 때에 결혼식장 및 신방으로 사용하도록 하였는데, 황제가 결혼을 하면 이틀 동안 그곳에서 신방을 꾸린 후 다른 궁으로 옮겨 생활하였다. 곤녕궁에서 신방을 꾸릴 수 있는 특권은 황제에 등극한 후 결혼한 황제들만이 누릴 수 있었고, 결혼을 한 후 황제의 지위에 오른 황제들은 이를 이용할 수 없었다. 따라서 동치(同治), 광서(光緖) 두 황제와 마지막 황제인 부의(溥儀)만이 곤녕궁에서 결혼식을 거행할 수 있었다.

옹정제(雍正帝) 이후 황제가 거처를 양심전(養心殿)으로 옮겨 생활하게 됨에 따라 황후 역시 더 이상 곤녕궁에서 생활하지 않게 되었으며, 이후 곤녕궁은 샤먼제사를 지내는 장소로서의 역할이 강조되었다.

명대에 황후의 거처로 만들어진 청녕궁이 만주족 통치자들에 의해 만주족 주거 풍속이 유입되면서 외형 및 용도가 만주족 건축양식으로 변경되자 기존의 한족 관리들은 이에 대해 심한 반발을 하였다. 특히 곤녕궁의 문을 정중앙에서 오른쪽으로 치우쳐 내는 것과 관련하여 신하들은 도리에 어긋나는 행위라며 상소를 올리는 등 강력하게 저항하였으나, 청나라 건국 초기는 만주족의 민족적 자존심이 워낙 강대하던 시기였던지라 이러한 의견들은 모두 묵살되고, 황제의 의지에 따라 만주족의 전통 방식대로 고쳐졌다.

청나라 초기 황후의 거처로 사용되던 곤녕궁이 옹정제 이후 그 용도로 사용되지 않게 됨에 따라 만주족의 샤먼 신에게 제사를 지내는 장소의 역할만을 수행하게 되었다. 곤녕궁의 서쪽 네 칸에는 온돌을 설치하고, 서쪽 온돌에 조제(朝祭)를 위한 신위를, 북쪽 온돌에는 석제(夕祭)를 위한 신위를 모셨다. 곤녕궁에서는 매일 신에 대한 제사를 지냈으며, 봄가을로 신나무(神杆)를 세우는 대제를 지냈는데 이는 이전 선양황궁의 청녕궁에서 치르던 제사를 계승한 것이었다. 곤녕궁 제사의 대상은 만주족의 선조 및 부처, 보살 등이었으며, 매월 1일과 15일에 대제(大祭)를 지냈는데, 이때에는 황제와 황후가 친히 제사에 참여하였다.

4. 또 하나의 만주식 궁궐 영수궁

영수궁은 자금성에서 건청궁의 오른쪽에 자리 잡은 황극전(皇極殿)의 뒤에 있는 궁궐로, 1689년에 건축되었을 당시에는 영수궁 후전(後殿)이었다가, 1772년 앞에 위치한 영수궁을 황극전으로 명명하게 되면서 그 편액을 옮겨 달게 되면서 영수궁으로 불리게 되었다.

영수궁은 건륭제가 황제의 직위에서 퇴위한 이후 생활하기 위한 목적으로 1772년 짓기 시작하여 1780년 완공된 건축물이다. 영수궁은 자금성 내의 많은 궁궐 가운데 만주족 전통의 특색을 갖춘 건물 가운데 하나로, 자금성의 중축선 위에 위치한 곤녕궁을 그대로 모방하여 세운 건축물이다. 광서제(光緖帝) 재위 기간 동안 수렴청정을 하던 자희태후(西太后)가 한차례 영수궁에 거주하면서 초기의 용과 봉황이 그려진 처마의 바깥 회랑을 채색화로 바꾸면서 초기의 장엄함을 잃어버렸던 것을 1979년 보수하면서 건륭제 때의 풍모를 되찾게 되었으며, 현재는 고궁박물관 문물 진열실로 이용되고 있다.

영수궁은 단층 석대(石臺) 위에 지어진 건물로 석대는 황극전과 서로 연결되어 있으며 사방은 황록색 유리벽돌로 된 낮은 담으로 둘러싸여 있다. 궁의 앞면은 7칸으로 되어 있으며 깊이는 3칸으로 곤녕궁보다는 규모가 약간 작으며, 지붕은 팔작지붕이다. 궁궐의 내외 장식 및 실내 간격, 그리고 실내 공간 배치는 모두 곤녕궁을 모방하고 있다. 곤녕궁과 마찬가지로 영수궁은 건물의 출입문을 동쪽에 치우쳐 내었고, 양쪽 여닫이문을 사용하도록 되었다. 창문은 위로 열리도록 되었고 장식이 호화롭지 않으며, 창호지를 창문 밖에서 바르는 등의 공통점을 가지고 있는데, 이는 모두 만주족의 전통 건축양식과 관련된 것이다.

영수궁의 중앙에서 오른쪽으로 치우쳐 난 출입문으로 들어가면 고기를 삶을 수 있도록 만든 부뚜막이 있고, 이를 중심으로 서쪽 3칸은 서로 연결하여 'ㄷ' 자 모양의 만주식 온돌을 설치하였으며, 온돌 위에는 샤머니즘 제사를 위한 신위 및 굿을 할 때 쓰는 도구들을 두어 샤먼에 대한 제사의 장소로 삼았다. 동쪽의 2칸은 서로 연결하여 침실로 삼았다. 이처럼 영수궁도 곤녕궁처럼 만주족의 전통 건축양식에 따라 지은 궁궐이다. 다만 영수궁이 곤녕궁과 다른 점은 궁궐 앞에 신나무(神杆)가 없다는 것이다.

자금성(紫禁城)의 곤녕궁과 영수궁은 만주족 민가의 전통 건축양식을 반영한 궁궐로 만주족의 특색이 농후한 건축양식이다. 이들 건축물은 모두 선양황궁의 청녕궁을 모방한 것으로 청나라 황제들이 자금성에서 샤먼신에 대한 제사를 지내기 위한 중요한 장소였다. 물론 곤녕궁에서는 샤먼 제사가 진행된 반면에 영수궁에서는 실제로 직접적인 제사가 진행되지는 못했지만 영수궁 건립 시에는 이러한 만주족의 샤먼신에 대한 제사를 목적으로 만주족의 전통 건축양식대로 지었다.

이처럼 만주족 전통 민족문화로서의 주거문화는 선양고궁의 황궁 건축 및 공간 활용에 그대로 반영되었을 뿐만 아니라, 만주족의 청나라가 중원을 통치하기 시작한 이후에는 자금성(紫禁城)의 일부 궁궐 건축 및 공간 배치에도 중요한 영향을 끼쳤다. 1644년 이후 청의 만주족은 한족과의 빈번한 접촉의 과정에서 점차 고유의 민족문화를 상실한 채 동화되어 갔지만 황제를 정점(頂點)으로 하는 청나라 황실에서는 끝까지 만주족 고유의 전통문화를 잃지 않으려는 노력을 계속하였으며, 이러한 민족 전통문화의 유지를 위한 노력은 1912년 청나라가 멸망할 때까지 황실 생활의 모든 면에서 지속되었다.

제7장

만주족과 만주지역의
조선족, 한족의
주거문화 비교

1. 만주지역 민족별 주거의 형성

　중국 만주지역은 만주족, 한족, 조선족을 비롯한 여러 소수 민족이 서로 섞여 생활하는 광활한 지역으로 이 지역에서 인류가 처음으로 살기 시작한 것은 구석기 이전으로 거슬러 올라갈 수 있다. 역사서에 따르면 이 지역에서 처음으로 주거용 건축물을 짓고 살던 민족은 만주족의 선조들로, 이들은 수천 년 전부터 만주지역에서 살았다.

　이에 비해 한족이 본격적으로 만주지역에 거주하기 시작한 것은 19세기 중엽 청나라 정부의 만주지역에 대한 봉금정책이 해제되면서부터이다. 특히 청나라가 멸망한 20세기 초 한족의 만주지역 이주가 급격히 증가하게 되었으며, 특히 중화인민공화국 수립 이후 한족 이주민의 급격한 증가로 현재 만주지역에서는 만주족을 제치고 한족이 다수 민족이 되는 상황이 전개되고 있다.

한편 조선족이 만주지역에서 집단 주거를 이루고 살게 된 이주의 역사는 한족에 비해 더욱 짧다. 조선족은 본래 한반도에서 이주해온 월경 민족으로 19세기 말에는 흉년과 기근에서 탈피하고자, 1910년대에는 일제의 조선 침탈로 인한 반발심과 독립운동을 위한 목적, 그리고 1930년대 이후에는 일제의 만주지역으로의 강제이주정책 등의 이유로 압록강과 두만강을 넘어 중국 만주지역으로 건너오게 되었다.

이처럼 만주지역 거주와 관련된 서로 다른 역사적 배경으로 인해 이 지역의 만주족, 조선족, 한족은 각기 다른 문화를 가지게 되었으며 각자 독특한 주거 형태 및 주거문화를 지니게 되었다.

만주족의 경우 선사시대 이래로 줄곧 춥고 험한 지역에서 살아왔기 때문에 추운 만주지역의 지역적 특색에 적합한 주거용 건축물을 짓거나 주거 공간을 배치하였는데, 이는 점차 만주족의 전통적인 경제생활 방식과 결합하여 그들만의 독특한 주거문화로 발전되어 왔다. 이러한 만주족 주거문화의 대표적인 특징으로는 자루방(口袋房), 완즈캉(萬字炕), 신나무(索倫杆) 등 주거 공간의 배치 및 주거용 건물 내에 그들의 신앙과 관련한 요소가 많이 들어가 있다는 것이다.

만주지역 한족 민가의 경우 외형적으로는 만주족 민가와 별다른 차이가 없지만 주택의 내부 구조 및 주택의 외부 장식 등에서 그들 나름의 특징을 찾을 수 있다. 한족 민가는 중원지역에서 발전한 후 산동지역을 거쳐 만주지역으로 들어왔기 때문에 기본적으로는 북부지역 한족의 주택양식 및 주택건축 사상의 영향을 많이 받아 만들어졌다.

만주지역 조선족 민가는 기본적으로 한반도의 각 지역의 특징을 골고루 지니고 있다. 특히 조선족 민가의 외형 및 주거문화는 옌볜(延邊)지역을 중심으로 하는 이전 함경도식 문화와 랴오닝(遼寧) 지방을 중심으로 하는 평안도식 문화, 그리고 그 외의 전라도, 경상도식 문화로 나누어볼 수 있는데, 그중 특색이 두드러지고 아직까지도 고유한 문화를 지속적으로 유지하고 있는 지역은 조선족자치주인 옌볜지역의 함경도식 주거문화이다. 이 지역 주거 형태 및 주거문화의 특징으로는 두 줄로 배열한 겹집 형태의 내부 공간 배치와 창고, 우사 등을 본채의 내부에 배치하는 것, 그리고 전면 온돌, 방문과 창문의 구별이 없는 것 등이다.

이처럼 중국 만주지역의 민가 형태 및 주거문화는 민족별로 고유한 형태를 지니고 있는데, 이는 유구한 시간 동안 만주지역의 기후환경, 자연환경, 민족별 인문환경 및 민족문화의 영향을 받으면서 계속 발전해온 때문이다.

2. 민가의 건물 배치

    모든 민족은 그 민족의 역사 및 문화적 배경이 서로 다르기 때문에 각기 민족 고유의 사상을 가지고 있다. 이러한 민족 특유의 주거 관련 사상의 영향으로 각 민족 민가의 건물 배치는 각자 나름대로의 특징을 가지게 되었다.

    만주족 민가의 건물 배치의 특징은 정중앙에 본채를 배치하고, 그 앞으로 좌우에 하나 또는 둘씩의 행랑채를 배치하는 'Ⅱ' 형태로 건물을 배치한다. 이때 본채는 보통 3칸 또는 5칸으로 되어 있는데, 3칸 본채의 경우 가운데에 출입문이 있고, 5칸 본채의 경우에는 오른쪽에서 2번째 칸에 문을 달아놓았다. 행랑채는 주로 지위가 낮은 사람이 기거하거나 창고로 쓰이는 건물로 본채보다는 작은 규모로 지어졌다. 이러한 행랑채의 남쪽 중앙으로 대문이 놓이게 되는데 이 대문은 보통 본채를 바라볼 수 있는 위치인 민가의 정중앙에 세워졌다. 그리고 마당에는 곡식을 저장할 수 있도록 만든 난간식(欄干式) 건물인 포미루(苞米樓)를 지어 그곳에 옥수수를 저장하였다. 또한 마당의 동쪽에는 샤먼 제사를 위한 수어룬간(索倫杆)이라 부르는 신나무(神竿)를 세워놓고 이를 신성한 공간으로 여겼다.

한족의 건물 배치에 있어서의 특징은 중축선(中軸線)을 중심으로 중앙에 본채를 배치하고, 좌우로 행랑채를 배치하는 것이다. 그 때문에 만주지역 한족의 건물 배치는 본채와 좌우의 행랑채, 그리고 대문을 중심으로 한 사합원의 형식을 주로 하고 있다. 이는 본래 북방지역의 사합원(四合院)을 대표하는 베이징 사합원과 같은 원리로 만들어진 것이나 베이징 사합원이 폐쇄성을 지나치게 강조하는 데 반하여 만주지역의 사합원은 비교적 넓고 폐쇄성이 다소 적다. 보통 만주지역 한족 주택의 대문은 하나의 건물로 만들거나 담을 이어 붙여 사합원 형식을 유지하였다. 부유한 집의 경우 내부에 곡식을 보관하기 위한 옥수수 창고와 곡식을 담아두는 뒤주를 따로 건축하였다.

조선족 민가의 규모나 건물의 배치는 만주족과 한족에 비해 단순한 게 특징으로 주로 '一' 자형 또는 'ㄱ' 자형의 본채와 부속건물인 창고 등으로 이루어지는데 창고의 경우 본채의 내부에 배치하거나, 밖에 따로 설치하는 두 가지의 경우가 있다. 이렇듯 조선족의 민가 배치가 단순한 이유는 조선에서 중국 만주지역으로 건너온 대부분의 조선족이 경제적으로 빈곤한 생활을 하였으므로 만주족이나 한족에 비해 민가의 규모 및 건물의 배치 등에 있어 실용성을 강조하였기 때문이다.

만주지역의 만주족, 한족, 조선족의 전형적인 전통민가의 건물배치는 위와 같은 일반적인 특징을 가지고 있다. 하지만 만주족, 한족, 조선족을 막론하고 대부분의 만주지역의 농민들은 위와 같은 전형적인 건물 배치에 따르기보다는 주로 본채와 농사와 관련된 창고 및 곡식 저장고 등으로 이루어진 비교적 단순한 형태의 민가에서 생활하였다.

3. 민가의 외부 형태

　만주지역의 만주족, 조선족, 한족의 민가의 외부형태는 크게 지붕, 벽, 문, 창호, 연통 등으로 나누어 상호 비교해볼 수 있는데 각각 다음과 같은 차이가 있다.

　각 민족의 민가 지붕을 살펴보면 지붕을 만드는 재료에 있어서는 별 차이가 없으나 지붕의 모양에는 다소 차이가 있다. 전통적으로 만주족 민가의 지붕은 주로 '∧' 자 모양의 맞배지붕 형태를 하고 있는데, 지붕을 만드는 재료에 따라 기와집, 초가집 등으로 나눌 수 있다. 만주족 민가의 지붕은 겨울철 눈이 많이 오는 만주지역의 특성상 지붕에 눈이 쌓이지 않도록 하는데 중점을 두어 경사가 급한 것이 특징이다. 한족 민가의 지붕은 만주족과 별 차이가 없다. 그 때문에 지붕의 모양으로 한족 주택과 만주족 주택을 구별하는 것은 별 의미가 없다. 만주족과 한족 민가의 지붕은 그들이 생활하는 자연환경에 따라 다양한 모양을 하고 있는데, 산림지역에서는 나무 조각이나 나무껍질로 지붕을 하고, 길림 서부지역의 평원지역의 경우 주택의 지붕을 평평하게 하는 등 지형에 따라 서로 다른 형태의 지붕 모양을 하고 있다. 조선족 민가의 지붕 모양은 만주족과 한족에 비해 다양하여 만주족, 한족과 마찬가지인 'ㅅ' 자 모양의 맞배지붕 이외에 우진각지붕, 팔작지붕이 있다. 하지만 조선족은 지붕을 맞배지붕으로 하는 경우는 극히 드물다. 일반적으로 초가집의 경우 우진각지붕 형태가 조선족 민가에 주로 적용되는 지붕의 모양이며, 팔작지붕은 조선족 기와집에 주로 적용되는 지붕 모양이다. 이처럼 지붕의 모양만으로도 만주족, 조선족의 민가임이 쉽게 구별될 수 있을 정도로 민족별 민가의 지붕 모양은 서로 다른 특징이 있다.

민가의 벽은 모든 민족이 별 차이가 없으며, 벽을 이루는 재료에 의하여 흙벽 집, 흙벽돌 집, 벽돌집 등으로 나눌 수 있다. 만주족과 한족의 경우 이 세 가지의 재료로 각기 다른 벽을 만들어 살고 있지만 조선족의 경우 주로 흙과 짚을 섞어 만든 흙벽 집에서 생활한다. 이들 민가의 창문과 문은 공통적으로 추위를 피하고, 햇볕을 잘 받을 수 있도록 만들어졌는데, 만주족 민가는 넓은 위아래로 분리된 남쪽으로 난 창을 가지고 있으며, 아래쪽 창문은 일반적으로 고정되어 있으며, 위쪽 창문은 밖을 향하여 열 수 있도록 되어 있다. 또한 만주족 창의 가장 큰 특징으로는 창호지를 창문 밖에 바르는 것으로 만주지역의 3대 괴이한 일중 하나이다. 이렇듯 만주족 민가의 창이 넓고 많은 이유는 남쪽에서 들어오는 햇볕을 되도록 많이 받을 수 있도록 하기 위함이다. 한족 주택의 창문도 만주족과 같이 남쪽으로 많은 창을 내어 볕을 많이 받고 실내를 밝게 하도록 되어 있으나 만주족과 다른 점은 상하로 구별되어 있지 않다는 점이다. 반면에 조선족 민가에는 창과 문이 서로 구별되어 있지 않다. 조선족 민가에는 창이 거의 없는 대신 창호지로 바른 출입문들이 각 방의 남쪽을 향해 나 있어 출입을 위한 문의 역할을 하는 동시에, 햇볕을 받아들이는 창의 역할도 겸한다. 특히 조선족은 하얀색 횟가루를 사용하여 민가의 벽을 하얗게 칠하는 풍습이 있어 민가의 벽만으로도 다른 민족의 민가와 구별되었다.

연통 역시 민족마다 독특한 특징이 있다. 만주족 연통은 주택의 벽면에서 떨어져 설치하는 게 보통인데, 재료에 의해 진흙으로 만든 연통, 벽돌로 만든 연통 등으로 나눌 수 있다. 만주족의 연통이 건물 벽에서 떨어져 설치된 원인과 관련해서는 여러 가지 주장이 있으나 만주족의 선조들이 살던 환경이 산림지역이었고, 이들 선조들의 주택은 나무를 주재료로 하여 지었기 때문에 연통이 나무로 지어진 건물에 붙어 있을 경우 화재의 위험이 있어 일부러 연통을 건물 벽과 떨어지게 만들었다는 설이 설득력을 얻고 있다. 반면에 한족 민가의 연통은 일반 다른 지역 한족 민가의 연통과 다를 바 없으며, 재료에 있어서도 흙, 흙벽돌, 벽돌 등 다양한 재료로 연통을 만들었다. 조선족 민가의 연통 역시 한족과 마찬가지로 집 옆에 세우거나 지붕 가운데 만드는 경우도 있다. 다만 산림지역에 사는 조선족의 경우 나무에 구멍을 파서 연통으로 이용하거나 나무판을 잇대어 연통을 만들어 사용하였다.

이처럼 각 민족 전통민가의 외형은 민족별로 서로 다른 특징을 가지고 있으며, 이러한 민가 외형의 차이는 외부인으로 하여금 각 민족을 식별하기 쉽도록 되어 있다. 하지만 기본적으로 지붕의 모양이나 사용재료, 벽, 연통의 재료들은 현지에서 구하기 쉬운 것들로 민족별로 별다른 차이는 없다고 보는 것이 옳다.

4. 민가의 내부 구조

    만주지역 전통 가옥은 크게 부엌과 침실의 두 부분으로 이루어져 있으며, 민족별로 부엌과 침실에 대한 호칭이 각각 다르기는 하지만 모두 본채 내부에 함께 배치하고 있다. 가옥의 내부 구조는 각 민족의 특색을 가장 극명하게 보여주는데 만주족의 자루방(口袋房), 완즈캉(万字炕), 한족의 'ー' 자 온돌, 조선족의 '전면 온돌' 등이 대표적인 예이다.

    만주족의 자루방(口袋房)은 동쪽을 향해 문이 나 있는 모양이 자루(口袋) 같다고 해서 붙여진 이름으로 이는 만주족 선조들의 반혈거식 생활에서 유래한 것이다. 완즈캉(万字炕)은 'ㄷ' 자형으로 이루어진 3면 온돌로 남과 북쪽 온돌에 사람이 생활하고, 서쪽 온돌은 조상의 제사를 모시는 신성한 공간으로 사용한다. 한족은 만주족과는 달리 주로 '一' 자형 또는 '＝' 자형 온돌을 사용하는데 주로 남쪽 온돌에서 잠을 잔다. 조선족의 전면 온돌은 만주족 및 한족과는 뚜렷하게 구별되는 것으로 실내의 바닥 전체가 온돌로 되어 있어 사람들은 그 위에서 신을 벗고 생활한다. 그 때문에 다른 민족들과는 달리 전면 온돌에서 수면, 식사 및 가사활동 등이 모두 이루어진다.

민족별로 실내 공간 배치 역시 민족 특색을 지니고 있다. 만주족의 본채는 가운데 방인 동시에 거실로 활용하는 당옥(堂屋)을 중심으로 서쪽 방과 동쪽 방으로 구분되는데 만주족은 서쪽을 중시하는 풍속이 있어 서쪽 방이 동쪽 방보다 크고, 이곳에서 숙식이 주로 이루어진다. 특히 서쪽 방에 비해 동쪽 방은 그 역할이 미미하여 간단한 침실로 사용되거나 때로는 식량 저장 창고로 주로 쓰인다. 한족 역시 본채는 가운데 당옥(堂屋)을 중심으로 서쪽 방과 동쪽 방으로 이루어지는데 만주족과 달리 한족은 동쪽을 중시하는 풍속이 있어 동쪽 방을 더 귀하고 높게 여긴다. 따라서 집주인 중 연장자들은 동쪽 방에 거주하고, 지위가 낮거나 연령이 낮은 사람들이나 첩들이 주로 서쪽 방에 거주하게 된다. 반면에 조선족 실내 공간의 특징은 만주족이나 한족과는 달리 여러 개의 방으로 이루어진 것으로 보통 주택의 경우 적게는 3개에서 많게는 6~8개의 방이 본채 안에 들어 있으며, 옌볜지역의 경우에는 실내에 방앗간과 우사 및 곡식 저장용 창고들도 함께 배치된다. 또한 조선족의 경우 남녀별, 연령의 높고 낮음에 따라 방의 사용에 있어 제약을 두고 있는데 가장인 남자의 경우 사랑방에서 손님을 맞거나 사용하며, 여자들의 경우 주로 정주간이 생활공간이 된다. 이 경우 여자들은 함부로 사랑방에 출입할 수 없었으며, 여자 측의 손님이 올 경우에도 여자들의 공간에서 손님을 맞아야만 하는 등 엄격한 공간 사용의 규율이 있었다.

부엌의 이용에 있어서는 만주족과 한족의 경우 주로 당옥(堂屋)에 아궁이와 부뚜막을 설치하여 밥을 하고, 난방을 한다. 만주족의 경우 때로는 당옥(堂屋)을 난방을 위한 장소로, 동쪽 방을 부엌으로 사용하는 경우도 있다. 한족은 주로 당옥(堂屋)을 부엌과 난방을 위한 불을 피우는 장소로 사용하는 동시에 식사 및 손님접대를 하는 공간으로도 사용하고 있다. 한편 조선족 민가의 경우 부엌은 두 종류가 있다. 하나는 본채의 동쪽이나 서쪽의 한 칸을 부엌으로 사용하는 경우로 이 경우에는 부엌과 방 사이에 벽이 설치되어 있고, 부엌에서 방으로 통하는 문을 내는 게 보통이다. 다른 하나는 부엌과 방 사이에 벽이 없이 하나의 공간으로 되어 있는 경우이다. 이는 주로 옌볜지역과 헤이룽장성 무단강(牧丹江) 지역에 주로 분포하는데 '정주간'이라 부르는 이 공간의 한쪽에서 취사 및 난방이 이루어지고, 다른 한쪽은 식사 공간, 여자들의 손님접대 공간 및 밤에는 취침을 할 수 있는 침실이 된다.

이렇듯 각 민족 전통민가의 내부 구조 및 실내 공간의 배치

는 민족의 특색이 잘 나타나는 것으로 주택의 외형 변화와는
달리 그 변화의 속도가 늦기 때문에 각 민족의 주거문화를 이
용하기 위한 좋은 연구 자료가 된다.

5. 주거 풍습

    주거문화는 인간이 주거 생활과 관련된 모든 행위 및 행위의 결과를 의미하는 것으로 일상생활, 통과 의례, 가신신앙, 주거 풍습 등을 포함한다.

    민족별로 일상생활과 관련된 공간의 사용은 비슷하다. 침실에서 잠을 자고, 부엌에서 식사준비를 하는 것 등은 모두 같다. 하지만 민족별로 공간의 활용에 다소 차이가 있는데 만주족의 경우 서쪽 방의 온돌에서 식사 및 손님접대, 가사 활동 및 취침 등이 이루어지는 데 반하여, 한족의 경우에는 동쪽 방과 서쪽 방은 주로 취침이나 공부를 위한 공간으로 활용되고, 식사 및 손님접대, 가족 회합 등은 주로 당옥(堂屋)에서 이루어진다. 한편 조선족의 경우 취침, 식사, 여자들의 손님 접대, 가사활동,

가족 회합 등은 전면 온돌로 이루어진 큰 방에서 이루어진다(옌볜지역의 경우 부엌과 방이 함께 연결된 정주간이 큰 방의 역할을 한다). 조선족의 경우 큰 방 이외에도 방마다 고유의 기능이 있어 가장의 손님 접대, 공부방 등으로 세분화된다.

통과 의례와 관련해서 주로 이용되는 공간은 마당과 본채이다. 민족별로 탄생례, 혼례, 상례, 제례 등과 관련하여 공간의 활용이 조금씩 다르긴 하지만 대부분 별 차이는 없다. 혼례와 관련해서는 민족별로 대문과 부엌이 신성한 공간으로 여겨져 이곳에 대해 우선 통과의례를 치르게 되며, 탄생례와 상례에 있어서도 민족별로 주택 내의 공간에 대한 약간의 금기가 있다.

민족별로 고유의 가신을 숭배하는 의식 및 풍속이 있는데, 그중 대표적인 것이 만주족의 서쪽 방의 서쪽 온돌에 조상들의 위패를 모셔놓고, 조상신에 대한 제사를 지내고, 마당에 신나무(索倫杆)을 세워 때마다 신에게 제사를 지내는 행위 등이 있다. 한족과 조선족의 경우 가신 숭배는 서로 비슷한데, 만주지역 한족의 경우 부엌을 신성한 공간으로 생각하여 부엌을 주관한다는 조왕신과 문신(門神)에 대한 숭배가 비교적 강하다. 조선족 역시 부엌 신인 조왕신을 가정의 일을 돌보는 중요한 가신으로 여기는 동시에 조상신, 성주신, 산신(産神)에 대한 숭배 역시 빈번하게 이루어진다. 이러한 가신에 대한 숭배는 가족의 무병장수를 기원하려는 소박한 마음이 담긴 것으로 미신이라기보다는 하나의 풍속이다.

주거풍습은 주택을 건설하는 과정에서 일어나는 풍습과 민가금기를 포함하는데, 만주족, 한족, 조선족은 모두 집을 건설하는 과정에서 집터를 잡고, 집을 짓고, 상량을 하고, 집이 완성 된 후 이사를 하는 등의 모든 과정에 있어 경건함을 우선시한다. 이들 민족의 주택과 관련한 금기로는 '무엇 무엇을 하지 말라'는 것이 대표적인데, 가족 구성원들에게 불편함을 주는 요소가 강하긴 해도 깊이 생각해보면 각 민족의 대대로 내려오는 전통에서 비롯된 것으로 나름대로 과학적인 근거도 가지고 있다. 가령 '집을 북향으로 짓지 말라'는 금기가 있다고 할 때 이는 북쪽을 향한 집은 채광의 측면에서 남향집에 비해 불리하고 이는 결국 그 집에 거주하는 사람들을 불편하게 할 수 있다는 경험에서 우러난 일리가 있는 금기인 것이다.

6. 만주지역 주거문화의 형성 요인

  기존의 주거문화와 관련한 대부분의 이론은 자연환경과 기
후풍토, 지형의 영향에 의해 주택의 외형이 결정되고 그에 따
라 주거문화가 서로 다르게 발전한다는 환경 결정론적인 주장
이 지배적이었다. 하지만 이러한 환경 결정론은 자연환경이 같
고 기후 조건이 같은 동일 지역의 주택 모양 및 공간의 활용
방식이 서로 다르게 되는 이유를 충분히 설명해줄 수 없었다.
강수량이 지붕의 형태에 영향을 미치는 것은 사실이지만, 강수
량이 같다고 해서 동일한 지역에 동일한 지붕 모양이 생기는
것은 아닌 것처럼 만주지역의 만주족, 조선족, 한족의 주거문
화는 자연환경 외에도 다양한 요인의 영향을 받아 형성·발전
되어 왔다.

지역적 환경과 민가의 외부 형태

민가의 외형 및 건축 재료의 사용은 기후 및 자연환경의 영향을 크게 받는다. 기후 조건은 주택의 외형을 결정하는 가장 중요한 요인인데, 만주지역의 기후 때문에 민가 지붕의 모양 및 벽의 두께, 창호의 크기 등이 결정되었다. 한편 자연환경은 민가 건축 재료의 사용에 큰 영향을 끼쳤다. 이는 환경이 인간의 생활을 결정한다는 환경 결정론적 해석을 뒷받침해주는 것으로, 만주지역의 기후 및 자연환경은 해당 지역 민족의 민가 건축 및 이용에 커다란 영향을 끼쳤다.

만주지역의 민가는 춥고 눈이 많이 내리는 기후 조건에 적응하기 쉽도록 만들어졌다. 만주족 민가의 경우 지붕의 경사가 급한 맞배지붕을 주로 택하고 있는데, 이는 만주족이 주로 거주하던 지역이 예로부터 겨울철에 눈이 많이 내리던 지역이었기 때문이다. 따라서 눈이 지붕에 오래도록 쌓여 있는 것을 방지하고, 눈이 지붕에서 쉽게 바닥으로 떨어지도록 하기 위해서는 지붕의 경사를 크게 할 필요가 있었다. 만주지역 서부와 헤이룽장 성 북부지역의 경우 만주족과 한족을 불문하고 민가의 지붕은 대부분 평평한 지붕으로 되어 있다. 이 지역의 지붕이 이러한 형태를 갖게 된 이유는 이 지역이 연평균 강우량이 400mm 이하인 건조한 지역에 속하여 배수에 크게 신경을 쓸 필요가 없었기 때문이다. 또한 이 지역은 바람이 세기 때문에 산간지역이나 일반 평야지역과 같은 맞배지붕으로는 센 바람에 견딜 수가 없었다. 따라서 이 지역에서는 건물 지붕의 경사를 없애 바람에 대한 저항력을 크게 하였다. 이렇듯 'ㅅ' 자 맞배지붕과 'ㅡ' 자 평평한 지붕은 기후 조건에 대한 순응의 차원에서 만들어진 것이다. 이 외에도 만주족 민가에서 창호지를 창문의 밖에 바르는 것, 자루방(口袋房), 옌볜 조선족 민가에서 방앗간, 우사, 창고 등을 본채의 실내에 두는 것[40] 등은 기후가 인간의 생활 형태를 결정하는 중요한 사례이다.

또한 만주지역 민가는 이 지역의 지형, 지세 등 자연환경에 대한 적응 및 각 지역에서 쉽게 구할 수 있는 재료들을 이용하여 지었다. 만주지역 민가는 농사를 많이 짓는 평원지역, 산으로 둘러싸인 산림지역, 그리고 초원지역 등 해당 지역이 처한 자연환경에 따라 민가의 건축 재료가 서로 다르다. 일반적으로 농사를 많이 짓는 평원지역에서는 농사를 통해 얻어지는 재료, 즉 볏짚이나 들에서 쉽게 채취할 수 있는 갈대, 쑥대, 수숫대 등으로 지붕을 만든다. 그중에서도 밭농사를 많이 짓는 지역과 논농사, 즉 벼농사를 짓는 지역의 지붕은 크게 차이가 나는데, 벼농사를 생업으로 하는 조선족 초가집의 경우 볏짚을 이용하여 지붕을 만든다. 그 때문에 조선족 초가집의 경우 갈대, 쑥대, 수숫대 등을 주재료로 하여 지붕을 만드는 만주족이나 한족의 초가지붕과는 외형이 완전히 다르다. 조선족 초가지붕의 경우 우진각지붕의 형태가 주를 이루게 되는 데 반하여 만주족과 한족의 지붕에는 우진각지붕이 없다. 그 이유는 이들 민족이 지붕을 만들 때 사용하는 재료가 볏짚과는 달리 유연성이 떨어지기 때문에 볏짚을 이용한 조선족 우진각 초가지붕과 같은 곡선미를 나타낼 수가 없기 때문이다. 설령 같은 맞배지붕이라고 할지라도 만주족 및 한족의 지붕은 각이 작아 다소 거칠고 날카로운 형태를 가지는 반면에, 조선족의 초가지붕은 높이가 낮고 펑퍼짐하며 같은 모양이라도 지붕의 재료인 볏짚의 영향으로 보다 부드럽고 완만한 곡선을 자체적으로 가지고 있다. 그 때문에 일반인들은 전통민가의 지붕만 보고서도 이게 조선족 집인지, 만주족 집인지를 한눈에 알아볼 수 있다.

전통 사상과 민가의 건물 배치

민족마다 민족의 역사 및 문화적 배경이 서로 다르기 때문에 각기 민족 고유의 사상을 가지고 있는데, 이를 전통 사상이라고 부른다. 민족별로 가지고 있는 고유한 전통 사상은 주택을 건축하고 주거문화를 형성하는 데 있어서도 중요한 작용을 하는데, 만주지역 각 민족의 민가 건물의 배치 및 실내 공간의 구성에 있어 큰 영향을 끼쳤다.

만주족의 전통 주거와 관련된 사상은 샤머니즘이다. 고대 이래로 만주족의 생활은 샤머니즘과 밀접한 관계를 가지고 있었다. 샤머니즘의 영향으로 만주족은 민가를 건축함에 있어 본채의 서쪽 방을 동쪽 방보다 크게 지었으며, 서쪽 방의 서쪽 온돌을 신성한 장소로 만들었다. 또한 민가 외부 공간의 배치에 있어서도 샤머니즘 제사를 위한 장소를 따로 만들어놓았는데, 그 대표적인 것이 만주족 민가의 마당 동쪽에 세워 샤먼 제사를 위한 신성한 장소의 역할을 하는 수어룬간(索倫杆)이라 불리는 신나무(神竿)이다. 이처럼 샤머니즘 사상은 만주족의 주거문화 형성 및 발전에 중요한 영향을 끼쳤다.

조선족의 조상인 한반도의 한민족(韓民族)은 15세기부터 유교를 국가의 통치 철학인 동시에 백성의 생활 철학으로 삼아왔다. 그 때문에 상하의 관계를 중시하는 유교는 백성의 삶에 깊은 영향을 끼쳤는데 주거문화와 관련해서도 예외는 아니었다. 유교의 영향으로 과거 조선의 주택들은 신분에 따라 건축할 수 있는 규모가 따로 제한되어 있었으며, 공간의 배치에 있어서도 주인과 하인, 남자와 여자의 공간을 따로 만들 정도로 엄격한 구분이 있었다. 이러한 조선의 유교 사상은 만주지역으로 이주한 조선족에게도 일정 부분 영향을 끼쳤는데, 조선족은 주택의 내부 공간 사용에 있어 남녀와 가장과 아랫사람들로 분할하여 공간 사용을 달리하였다. 아울러 유교 사상과 더불어 조선족 주거 건축에 있어 큰 영향을 끼친 것은 풍수지리이다. 산수의 형세나 방위 등을 인간의 길흉화복(吉凶禍福)에 연결시켜 설명하는 풍수지리의 영향으로 조선족은 집을 지을 때 집 자리 선정을 중시하였는데, 이로 인해 산을 등에 지고, 개울을 앞에 두는 남향집을 가장 선호하였다.

만주지역 한족의 조상들 역시 과거부터 유교 사상을 중시하였고, 풍수지리의 영향을 크게 받았다. 그 때문에 주택의 건축물 배치에 있어 위계성이 강하였고, 집터의 선택에 있어서도 조선족과 마찬가지로 남향집을 선호하였다. 그리고 예로부터 동쪽을 숭상하는 풍습을 가지고 있는 한족은 만주족과는 달리 서쪽 방보다는 동쪽 방을 중시하였다. 하지만 한족이 특별히 강조한 것은 중축선(中軸線) 개념이었다. 예로부터 한족은 자기들이 세계의 중심이라는 생각을 깊이 간직하고 있었으며, 이러한 중심(中心)의 개념은 건물의 배치에 있어 중축선을 중심으로 중앙에 본채를 배치하고, 중축선에서 같은 거리의 좌우에 행랑채를 배치하는 등 주택 건축에 있어 가장 우선시되어야 하는 것이었다. 따라서 만주지역의 한족 민가 역시 중축선을 중심으로 건물을 마주하게 되는 형태의 건물 배치 형태를 선호하였다.

민족문화와 민가의 내부 공간

민가의 구성 요소 중에서 민가의 내부 평면은 쉽게 변하지 않는 요소 가운데 하나이다. 다시 말하면 지붕의 재료, 혹은 지붕의 형태는 자연환경에 따라 변하는 경우가 많고, 벽의 재료도 변하며, 실내의 장식도 변하지만, 일단 형성된 민가의 평면은 오랫동안 지속되는 것이 일반적이다. 왜냐하면 민가의 평면 구성은 가족 제도, 생활양식, 사회 제도 그리고 생산 양식 등이 복합적으로 작용하여 형성되기 때문이다.41) 이는 인간의 생활방식은 그들이 가지고 있는 문화에 의해서 결정된다는 문화 결정론적 주장을 뒷받침하는 것으로 주로 경제·문화적인 요소에 의해 만주지역 각 민족의 주거 공간 배치 및 주거문화가 결정되었다.

각 민족이 생업으로 종사하는 경제생활 방식은 민가의 건물 건축 및 규모에 영향을 끼쳤다. 만주지역의 경우 민족별로 주로 종사하는 경제 방식이 다르기 때문에 서로 독특한 공간들이 마련된다. 예를 들면, 논농사 위주의 농경민족인 조선족 민가의 우사와 밭농사 위주의 만주족 및 한족 민가의 포미루(苞米樓), 옥수수 창고 등이 그것이다. 그리고 민가를 건축하고 활용하는 사람들의 경제 수준은 주택의 규모, 살림공간인 본채(正房)와 잉여생산물 저장시설인 창고의 배치 및 대문의 크기 등에 영향을 끼쳤다.

민족별 전통 생활방식, 즉 민족문화에 따라 실내 공간의 구성에 큰 차이가 난다. 그중에서도 선조들의 생활방식이 해당 민족의 주거방식을 주로 결정한다. 만주족의 경우 'ㄷ'자 형인 완즈캉(万字炕)를 사용하는 데 비해 한족은 '一'자형 온돌이나 '二'자형 온돌을 주로 사용한다. 이는 이들의 선조들이 살던 장소가 서로 달랐고, 이로 인해 주거방식 역시 달랐기 때문이다. 과거에 만주족의 선조들은 산림지역에서 땅을 일정한 깊이로 파고 그 위에 벽과 지붕을 만들어 사는 '반혈거(半穴居)'식 주거방식을 취하였는데, 이는 땅속 생활이 겨울철의 찬바람을 피하기 좋을 뿐 아니라 지면에서 아래로 들어감으로써 지열에 의한 보온의 효과를 최대한 얻을 수 있는 장점을 가질 수 있었기 때문이다. 이러한 전통적인 주거방식은 만주족이 경제생활의 변화로 인해 과거의 산림지대에서 평야지대로 주거지를 옮긴 후에도 '자루방(口袋房)', 완즈캉(万字炕)의 형태로 남아 실내의 보온에 신경을 쓰는 내부 구조를 만들었다. 이와는 반대로 산둥(山東) 지방에서 건너온 사람들이 주를 이루는 만주지역 한족의 경우 산둥지역에서의 습관대로 남쪽에 '一' 자형 단면 온돌을 설치하고 나머지 부분을 기타 활동공간으로 사용하는 민가의 실내 구조를 만들었다. 반면에 조선족은 한반도에 거주하는 조상들이 그랬던 것처럼 바닥 전체가 온돌로 된 전면 온돌에서 신을 벗고 생활하는데, 이는 모두 민족문화의 유산이다. 특히 함경도 출신이 많이 거주하던 옌벤지역에 함경도식의 겹집이 가장 보편적인 민가 형태이고, 습하고 더운 한반도 지형에 맞도록 설계된 마루가 추운 지역인 만주지역 조선족 민가에서도 존재하고 있는 것 등은 민족문화의 주거문화에 대한 영향을 증명해 주는 것이다.

  민족별로 저마다 주거와 관련된 고유한 풍속들이 있는데, 이로 인해 주택과 관련한 금기, 주택 건축 과정에서의 의례, 통과의례와 관련한 공간의 활용에 있어서는 민족별로 차이가 두드러진다. 조선족은 주택의 각 공간 중 부엌과 안방, 그리고 본채의 뒤쪽인 장독대를 신성한 공간으로 여겨 이곳에서 각종 기도와 치성이 이루어졌다. 특히 불을 다루는 공간인 부엌은 그중에서도 가장 신성한 곳으로, 이곳을 주관하는 조왕신이 집안의 대표적인 가신이 되는 것도 바로 이러한 이유에서다. 한편 만주족은 서쪽 방의 서쪽 온돌을 가장 신성한 공간으로 여겨 이곳에서 모든 가족 제사가 치러졌으며, 마당 한편의 대문과 근접한 곳에 세워둔 신간(索倫杆) 역시 신성한 공간으로 여겼다. 반면에 한족은 대문, 부엌, 침실 등 각각에 대한 믿음을 두고 있어 이곳들을 모두 신성시하였고, 특히 이들 신에 대한 공경심이 대단하였다. 이처럼 주거 생활과 관련된 풍속, 즉 주거 풍속들은 자연환경, 기후, 경제 환경 등의 영향으로는 도저히 해석할 수 없고, 오로지 해당 민족의 전통문화, 즉 민족문화와 관련지어야만 이해할 수 있다.

문화 생태와 주거문화의 변천

만주지역 민족별 전통민가의 외형, 민가 내부의 평면 배치 그리고 주거문화는 모두 환경과 인간의 상호작용과 적응 속에서 이루어진 것이다. 즉, 기후 및 자연환경에 따라 주택의 외부 형태 및 재료의 사용에 차이가 나고, 경제·문화적인 요소의 영향으로 민가의 평면 배치 및 주거 풍속에 차이가 발생하게 되는 것이다. 이처럼 자연, 기후, 경제, 민족문화의 영향을 받아 생겨난 초기의 민족별 주거문화는 시간이 흐르면서 나름의 특징을 가지고 변하는데, 이는 자연과 인간이 교류하는 과정에서 서로 영향을 주고받으며 만주지역에 적합한 민족별 주거문화로 발전하였기 때문이다.

문화 생태론에서는 문화도 생물의 종과 마찬가지로 환경에 대한 적응과정의 산물이며 적응가치의 증대를 통해 진화한다고 본다. 이는 문화의 환경에 대한 적응을 강조한 것으로 문화와 환경의 상호작용이라는 측면에서 보면 그 어느 쪽도 일방적인 영향을 행사할 수 없다는 것을 의미한다. 즉, 문화라는 것은 그 문화를 창조하고, 이를 누리며 생활하던 사람들이 초기에 처했던 자연환경에서 생성된 것일 수 있으나, 시간이 흘러 그것이 어느 한 민족의 전통문화로 발전하게 되면 해당 문화는 환경을 떠난 고유한 존재가 되며 새로운 변화의 과정을 거치게 되는 것이다.

만주지역으로의 이주 기간이 비교적 짧았던 초기의 조선족 주거문화에는 만주지역의 거친 자연환경적인 요소보다는 한반도에서 건너온 한민족의 민족적인 요소가 강하게 남아 있었다. 하지만 조선족이 점차 만주지역의 자연환경에 적응하고 주변 민족들과의 교류가 활발하게 진행하면서 조선족 특색의 주거문화에 변화를 가져오게 되었으며, 이로 인해 조선족 민가의 핵심 요소를 제외한 민가의 외형, 건축 재료의 사용, 주거관련 풍속 등은 이민 초기의 원형을 잃어가고 차츰 현지의 모습으로 변형되었다. 한편 조선족과는 반대로 만주족의 경우에는 20세기 초반부터 한족의 만주지역으로의 이주가 급격히 증가하고, 한족 문화가 대량 유입되면서 그 영향으로부터 자유롭지 못하게 되었고, 이로 인해 민가 건축에 있어서도 일부 한족문화의 영향을 받게 되었다. 한편 중원을 떠나 만주지역으로 이주한 한족의 경우에는 조선족과 마찬가지로 초기에는 한족의 방식대로 주거 생활을 하였으나 점차 만주족 문화의 영향을 받아 만주식의 주거문화를 가지게 되는 경우도 생기게 되었다.

이처럼 민가와 관련해서 발생하는 일체의 행위를 지칭하는 주거문화는 인간의 의지, 즉 그들이 가지고 있는 고유의 민족문화를 기반으로 형성되고, 이후 그들이 생활하고 있는 환경에의 적응 과정을 통해 해당 지역의 고유한 주거문화로 발전해나가는 것이다.

註

1) 한상복 외(2004). 문화인류학개론. 서울대학교출판부, pp. 65~69.

2) 주거에서 문화 개념을 명시적으로 처음 도입했던 라포포 트(Rapoport)는 주거 형태가 문화와 어떻게 상호 유기적으 로 연계되어 있는지를 분석하고 주거 형태가 민족문화에 대응하여 짝을 이루고 있음을 밝히고 있다. 그에 의하면 주택은 하나의 제도이며 집을 짓는 것은 하나의 문화적 현 상이다. 천현숙(2002).「아파트 주거문화의 특성에 관한 사 회학적 연구」. 연세대학교 박사학위논문. p.19.

3) 인류학에서 주거와 관련된 연구는 Lewis Henry Morgan이 1881 년 펴낸 'Houses and house-life of the American aborigines'에 서 그 기원을 찾을 수 있다. 현재 우리나라의 인류학 학계에서 는 '주거인류학'이라는 분야를 인정하지 않고 있는 상태이나 중국에서는 모건의 연구를 '居住人類學'의 선구적인 저서로 평가하고 있다. 周星(1990).「摩尒根對居住人類學的貢獻」.『雲 南民族學院學報』. 1990年 第3期. p.15 참조.

4) 박혜옥(2004).「우리나라의 바람직한 주거문화에 관한 연 구」. 동국대학교 석사학위논문. pp.3-8.

5) 엄연석(2008). 「상징의리론의 문화생태학적 특성」. 한국연구재단(NRF) 연구성과물. pp.107-134.

6) 만주족과 관련하여 숙신, 읍루, 물길, 말갈, 여진의 후예라는 점에 대하여는 대체로 의견이 일치되고 있으나, 현재 중국 학계에서는 이 선민(先民)들과 만주족을 동일시할 것인가, 아니면 만주족은 16세기 후반에 누르하치의 영도하에 건주여진(建州女眞)이 여진족 각 부족을 통일한 이후 생성된 것으로서 이들 선민들과 다르다고 간주해야 할 것인가에 대해서는 서로 의견이 대립되고 있다. 민족학의 각도에서 볼 때 현대적인 의미의 민족 개념은 늦게 형성된 것이므로 민족사(民族史) 연구에 있어서는 민족 원류에 대한 문제, 민족 형성에 대한 연구, 민족 분포에 대한 연구, 민족 언어에 대한 연구, 민족 체질 특징에 대한 연구, 민족 경제에 대한 연구 등이 함께 이루어져야 한다.

7) 『晉書·肅愼傳』에는 '肅愼人夏則巢居,冬則穴處'라고 기록되어 있다.

8) 『後漢書·挹婁傳』에는 읍루인의 주거 형태와 관련하여 '土地極寒, 常爲穴居, 以深爲貴, 大家至接九梯'라고 기록되어 있다.

9) 『魏書·勿吉傳』에는 '屋形似冢, 開口於上, 以梯出入', 『舊唐書·靺鞨傳』에는 '掘地爲穴, 架於上, 以土覆質, 狀如中國之冢墓'라고 기록되어 있다.

10) 『大金國志·初興風土』에는 '女眞人居住多依山谷……穿土

爲床, 溫火之其下, 而寢食起居其上'이라고 기록되어 있다.

11) 陸元鼎(2003). 『中國民居建築』. 廣州.

12) 만주족의 원래 형식인 동쪽에 문을 치우쳐 내던 풍속은 1980년
대 들어 주택개량이 전면적으로 실시된 후 중앙에 문을 내는
것으로 바뀌었으며 동·서 양쪽을 주거 공간으로 사용하게 되
었다. 『岫岩滿族自治縣槪况』. 遼寧大學出版社. 1986년. p.43.

13) 張馭寰(1990). 『吉林民居』. 地京企業股分有限公社出版部.
p.39.

14) 선양 원석산 만주족 민속촌.

15) 張馭寰(1990). 『吉林民居』. 地京企業股分有限公社出版部.
p.39.

16) '샤먼' 이 두 글자가 중국 역사서에서 처음으로 등장하게
된 것은 徐夢莘의 『三朝北盟會編』으로, 이 책에 "珊蠻者,
女眞語巫嫗也"라고 기재되어 있는데 여기서 말하는 珊蠻
이 바로 샤먼의 異譯이다. 王宏剛(2002). 『滿族與薩滿敎』.
中央民族大學出版社. p.4.

17) 북아시아의 샤머니즘이 가장 고전적·전형적인 것으로 알
려져 있으나 지역에 따라 여러 샤머니즘의 형태가 있으며,
다른 종교현상과 복합되어 있는 경우도 적지 않다. 네이버
백과사전, 2007.9.26. 검색.

18) 李德成(1999). 『中國少數民族宗敎信仰』. 北京: 中央民族大
學出版社. pp.52-53. 만족의 샤먼은 평소에는 보통 사람들
과 마찬가지로 일상 업무에 종사하였는데 샤먼의 역할을

수행함에 있어 보수나 다른 사람을 초월하는 특권은 없었다. 또한 그들은 결혼하여 아이를 낳을 수 있었다. 그러나 샤먼의 장례는 특별히 후하게 치러졌는데 그 씨족의 공동 장례로 치러졌다. 孟慧英(2000).『中國北方民族薩滿敎』. 北京: 社會科學文獻出版社. p.288.

19) 특히 누르하치가 여진족을 통일하고 청을 건국한 후 샤머니즘은 통치자들의 통치 이익을 수호하기 위한 정신적인 무기가 되어 샤머니즘에 대한 강력한 규범을 만들고 이론을 개발하여 통치수단으로 적절하게 활용되도록 하였다. 그 때문에 민간에서도 샤머니즘이 광범하게 퍼져 만주족 생활의 일부가 되었고, 그들의 정신세계 및 일상생활에 큰 영향을 끼치게 되었다.

20) 만주족은 예전부터 조상들을 섬기는 전통이 있어 왔는데 만주족은 그 씨족 중에서 중요한 위치를 차지했고, 사람들을 위해 공헌한 수령 또는 추장들을 사후에 조상신으로 모셨다. 이 조상신은 남성과 여성으로 나뉘었다. 刁書仁(2002). 『滿族生活掠』. 瀋陽出版社. p.145.

21) 그러나 이때 손님들은 반드시 건물 밖에서 음식을 먹어야 하며 당일 날 모두 먹어야 한다. 鄭佑玲(1992).『民族風俗與生活趣談』. 今日中國出版社. p.3.

22) fodomama(佛托媽媽)는 한자로 佛多媽媽라고도 쓰는데 이는 만주어로 '버드나무 가지(柳枝)'를 의미하기도 한다. 만주족의 민간에서는 포도마마를 '子孫娘娘'이라고도 부르

는데, 이는 자손을 관장하는 신으로 영아를 기르고 영아를 보호하는 신이다. 劉桂騰(2002). 『滿族薩滿樂器研究』. 遼寧民族出版社. p.169.

23) 그러나 샤먼의 집은 통상 서쪽에 지었다. 宋全(1999). 『中國少數民族民間禁忌』. 中央民族大學出版社. p.97.

24) 만주족의 초기 신화에 의하면 천궁(天宮)의 主神은 '아얼카허허(阿爾佧赫赫)'인데, 그녀의 신변에는 4방위의 여신이 있어 인간들이 판단하기 어려운 일이 있거나 생활이 어려운 경우 이들에게 해결 방법을 알려주도록 하였다. 이때 제일 먼저 나선 신이 서방의 신 '와러게이'로 그녀는 먼저 인간 세상으로 들어갔고, 다음으로 인간 세상에 들어간 것이 동방의 여신 '더러게이'이므로 후에 만주족은 먼저 서쪽을 공경하고 다음으로 동쪽을 공경하는 풍속이 생겨나게 되었다. 王宏剛·富育光(1991). 『滿族風俗誌』. 中央民族大學出版社. p.62.

25) 이 풍습은 후금이 界凡城에서 사얼후(薩爾滸)로 천도할 때 둘째 아들 代善의 사심이 비교적 심하여 자기가 지은 집과 집터를 칸보다 더 크게 하고, 일꾼도 더 많이 부렸다. 이에 칸이 화가 나서 말하기를 "네가 지은 집은 문제가 있다. 너는 문 앞에 시냇물이 있는 것이 보이느냐? 이는 '迎面水'라고 부르는 것으로, 이는 '화살 한 개'를 뜻하는 것이니 이는 너의 후대에게 매우 좋지 않다"고 하였다. 이에 대선이 놀라서 죽어도 이곳에 집을 지을 생각이 없다고 말을 하였

다. 이로부터 만주족은 집을 지을 때 물이 흘러가는 곳에는 집을 짓지 않았다고 한다. 韓曉時(2004).『滿族民居民俗』. 瀋陽出版社. p.51.

26) '晚淸宮庭生活見聞'에는 "신전은 조상들에 제사를 지내는 곳으로…… 신전의 오른쪽에 장대가 하나 있는데 그 이름을 '야오라간즈'라 부르는데, 다른 이름으로는 神杆이라고 부르며 일반인들은 그의 그림자도 건널 수 없다"고 되어 있다. 張曉璟·何曉芳(2004).『滿族』, 雲南大學出版社. p.254.

27) 이와 같이 주택은 지형·기후 등의 자연환경과 사상·생활문화 등의 인문사회 환경에 의하여 발전되어 왔다. 한옥공간연구회(2004).『한옥의 공간문화』. 敎文社. p.12.

28) 누르하치는 성 안에서 가장 높은 곳의 남쪽의 높은 돈대 위에 '汗宮大衙門'과 '尊號臺'를 지었다. 蔣博光(1998).「滿族建築(一)」.『古建園林技術』. 1998年 第3期. p.40.

29) 遼陽城은 당시 만주지역의 유명한 古城으로 요동의 수도였으며 청이 수도를 베이징으로 옮기기 전까지 제2의 도성이었다.

30) 당시에는 아직 각 궁전의 정식 명칭이 정해지지 않은 채 正殿, 中宮, 東宮, 西宮, 內樓 등으로 불렸다. 佟悅(2004).『瀋陽故宮』. 瀋陽: 瀋陽出版社. p.2.

31) 이보다 1년 전인 1635년 음력 10월 13일에는 민족의 명칭을 女眞에서 滿洲로 바꾸었다. 이 같은 민족의 명칭, 국호, 연호의 개칭은 단지 명칭의 변화에 불과한 것이 아닌 청의

역사가 새로운 단계로 도약하는 것을 의미하는 동시에 이 때부터 정식으로 명과 천하를 두고 패권을 다투게 됨을 의미한다.

32) 선양고궁의 건립은 1624년에서 1625년에 창건되기 시작한 이래 150여 년간 개축, 증축 등이 계속되어 1783년 최종적으로 건축이 완성되어 현재의 규모를 형성하게 되었다. 陳伯超(2003).「瀋陽故宮」.『古建風采』. 2003年 第4期. p.43.

33) 청녕궁은 청태종과 황후가 기거하던 침궁이며, 나머지 4개의 궁은 4명의 비(妃)가 기거하던 곳으로 청 세조 순치제(順治帝)는 1638년 庄妃의 永福宮에서 태어났다. 松茂如(2002).『盛京故宮』. 瀋陽: 遼寧民族出版社. p.100.

34) 松茂如. 앞의 책. p.72.

35) 만주족 초기의 궁궐은 모두 이처럼 높은 곳에 건물을 지었는데, 누르하치가 여진족을 통일하는 과정에 천도한 佛阿拉城, 興京城인 '헤투알라성(赫圖阿拉城)', 東京城 등은 평지가 아닌 구릉지대를 찾아 성을 쌓고 그중 제일 높은 곳에 궁궐을 지었다. 閻崇年(1996).『滿學研究』. 第三輯. 北京: 民族出版社. pp.184-203.

36) 朴玉順·陣伯超(2005).「清寧宮－滿族民居式的皇帝寢宮」.『滿族研究』. 2005年 第3期. p.85.

37) 만주족의 난방과 관련하여 萬字炕은 만주족 민간에서 많이 쓰는 방식인 데 비해, 暖閣은 청대 황실에서 많이 쓰는 난방법이었다. 특히 화재의 위험을 걱정한 황궁에서는 건

물의 지하에 숯을 넣어 난방을 하는 暖閣의 방식을 택하였다.
柳鳳雲(2000).「淸代滿族房屋建築的取暖及其文化」.『滿學硏究』.
第6輯. 北京: 民族出版社. p.344.

38) 이성량(1525~1615)은 명나라 시기에 조선에서 만주지역으
로 이주한 朝鮮人의 후예로 무예가 뛰어나 명나라 말기 중
요한 직책을 수행했던 인물이다. 임진왜란 당시 명나라 군
대 4만을 이끌고 지원을 나갔던 이여송이 바로 이성량의
아들이다.

39) 만주족의 신나무(神杆)에 대한 제사는 고대에 새를 통하여
하늘과 교류하기를 기대하며 신나무(神樹)에 제사를 지내
던 것에서 유래한 것으로, 만주족은 평시에 수어룬간 꼭대
기에 새 먹이를 놓아 새에 대한 고마움을 전했으며 하늘에
대한 제사가 있을 때에는 수어룬간 아래에 상을 펴고 음식
물을 차려 제를 드린 후 제사음식은 수어룬간 위에 달려
있는 사발에 놓아 새들이 먹을 수 있도록 하였다. 이때 신
나무(神杆)는 보통 몇 개의 돌을 쌓은 후 그 위에 세우는
데, 이 신돌(神石)은 신성한 산, 즉 만주족의 조상들이 대대
로 의지하여 살던 만주족의 발상지인 백두산을 상징하는
것이다. 朴玉順・陣伯超. 앞의 논문. p.87.

40) 옌볜지역과 헤이룽 강, 무단 강 지역의 조선족 민가에는
본채 내부에 우사가 있다. 즉, 부엌을 중심으로 보통 오른
쪽의 한 칸을 우사로 사용하고 있는데, 이는 부엌 서쪽의
방들과 마주보는 위치에 있어 위생적으로 볼 때 바람직한

것은 아니었다. 하지만 이는 조선족 특유의 경제생활 방식에서 유래한 것으로 농경을 주로 하는 조선족에서는 소를 가장 중요시한다. 즉, 소 한 마리가 소화해내는 농경활동의 양이 인간들의 7~8배에 달했기 때문에 농경의 생업수단으로 여기던 조선족에게는 소가 그만큼 중요한 존재였다. 그 때문에 이들은 소를 사람처럼 여겨 우사 역시 사람이 사는 본채 건물의 내부에 하나의 공간을 만들어 소가 살도록 하였다. 朴玉順(2000). 「中國東北地區朝鮮族民居硏究」. 沈陽建筑工程學院 碩士論文. p.28.

41) 장보웅(1996). 『한국민가의 지역적 전개』. 寶晉齊. p.308.

참고문헌

강영환(2000). 『집으로 보는 우리 문화 이야기』. 웅진닷컴.

김광억(1993). 『풍수지리(집과 마을)』. 대원사.

金正鎬(2005). 「中國東北地區傳統居住比較研究」. 『亞細亞文化研究』. 第9輯.

김정호(2007). 「瀋陽故宮에 담겨 있는 만주족의 전통문화」. 『皇室學論叢』. 第9號.

_____(2011). 「滿族의 전통 주거 생활 및 주거풍습에 관한 연구」. 『中國北方民族文化研究論文集』. 일본: アジア經濟文化研究所.

박혜옥(2004). 「우리나라의 바람직한 주거문화에 관한 연구」. 동국대학교 석사학위논문.

윤원태(2004). 『한국의 전통 초가』. 도서출판 재원.

장보웅(1996). 『한국민가의 지역적 전개』. 寶晉齊.

천현숙(2002). 「아파트 주거문화의 특성에 관한 사회학적 연구」. 연세대학교 박사학위논문.

한옥공간연구회(2004). 『한옥의 공간문화』. 교문사.

高曾偉(1997). 『中國民俗地理』. 蘇州大學出版社.

郭大烈・董建中(2000). 『中華民族知識通覽』. 雲南教育出版社.

金良生(1999). 滿族建築初探. 『北京建築工程學院學報』. 1999年 第1期.

金正鎬(2005). 「東北地區傳統民居與居住文化研究」. 中央民族大學 博士學位論文.

孟慧英(2000). 『中國北方民族薩滿教』. 社會科學文獻出版社.

佟悅(2001). 『關東舊風俗』. 遼寧大學出版社.

佟悅・陳峻嶺(2001). 『遼寧滿族史話』. 遼寧民族出版社.

佟悅(2004). 『瀋陽故宮』. 瀋陽出版社.

朴玉順・陣伯超(2005). 「清寧宮-滿族民居式的皇帝寢宮」. 『滿族研究』. 2005年 第3期.

索文清(1998). 『中國少數民族民俗大觀』. 福建人民出版社.

松茂如(2002). 『盛京故宮』. 遼寧民族出版社.

宋全(1999). 『中國少數民族民間禁忌』. 中央民族大學出版社.

楊錫春(2002). 『滿族風俗考』. 黑龍江人民出版社.

楊聖敏(2003). 『中國民族誌』. 中央民族大學出版社.

楊存田(2003). 『中國風俗概觀』. 北京大學出版社.

閻崇年(1996). 『滿學研究』. 第三輯. 民族出版社.

閻崇年(1999). 『滿學論集』. 民族出版社.

汪麗珍(1993). 關于滿族的鳥文化. 『中央民族大學學報』. 1993年 第2期.

王宏剛・富育光(1991). 『滿族風俗誌』. 中央民族大學出版社.

王宏剛(2002). 『滿族與薩滿教』. 中央民族大學出版社.

王中軍(2004). 東北滿族民居的特点. 『長春工程學院學報』. 2004년 제1기.

劉桂騰(2002). 『滿族薩滿樂器研究』. 遼寧民族出版社.

劉振超(2002). 『瀋陽民族民俗風情』. 遼寧民族出版社.

柳鳳雲(2000). 「清代滿族房屋建築的取暖及其文化」. 『滿學研究』. 第6輯. 民族 出版社.

李德成(1999). 『中國少數民族宗教信仰』. 中央民族大學出版社.

蔣博光(1998). 「滿族建築(一)」. 『古建園林技術』. 1998年 第3期.

張馭寰(1990). 『吉林民居』. 地京企業股分有限公社出版部.

張一民(2002). 『話說江城』. 時代文藝出版社.

張曉璟・何曉芳(2004). 『滿族』. 雲南大學出版社.

邸永君(2004). 『滿族』. 中國水理水電出版社.

鄭佑玲(1992). 『民族風俗與生活趣談』. 今日中國出版社.

政協丹東市學習文史委員會(1992). 『丹東滿族-鳳城專輯』. 遼寧民族出版社.

刁書仁(2002). 『滿族生活掠』. 瀋陽出版社.

周星(1990).「摩尔根對居住人類學的貢獻」.『雲南民族學院學報』. 1990年 第3期.

陳伯超(2003).「瀋陽故宮」.『古建風采』. 2003年 第4期.

韓曉時(2004).『滿族民居民俗』. 瀋陽出版社.

『岫岩滿族自治縣概況』. 遼寧大學出版社. 1986년.

『中國土木建築百科辭典・建築』. 中國建築工業出版社. 1999년.

『漢語大辭典・第4卷』. 漢語大辭典出版社. 2001年.

색인

김정호 ─────

서울교육대학교와 서울시립대학교 국제관계학과를 졸업하고 중국 베이징에 있는 中央民族大學에서 민족학 전공으로 박사학위를 취득하였다. 2006년부터 서울교육대학교에서 문화인류학을 강의해오고 있으며, 현재 서울교육대학교 교육전문대학원 초등사회과 전공 겸임교수직을 맡고 있다. 주요 관심 분야는 중국 북방 소수민족 문화, 다문화 교육, 중국 사회과교육 등이다. 저서로는 공저인『사회과교육의 논리』가 있으며,「제주, 만주, 오키나와의 민속신앙에 나타난 여성상 비교」,「淸 皇室의 傳統文化敎育으로서의 騎射와 北巡」,「沈陽故宮에 담겨 있는 만주족의 전통문화」,「중국의 소수민족교육과 다문화교육」등 20여 편의 논문이 있다.

만주족
주거문화의
수수께끼

초 판 인 쇄 | 2013년 5월 16일
초 판 발 행 | 2013년 5월 16일

지 은 이 | 김정호
펴 낸 이 | 채종준
펴 낸 곳 | 한국학술정보㈜
주   소 | 경기도 파주시 문발동 파주출판문화정보산업단지 513-5
전   화 | 031) 908-3181(대표)
팩   스 | 031) 908-3189
홈 페 이 지 | http://ebook.kstudy.com
E - m a i l | 출판사업부 publish@kstudy.com
등   록 | 제일산-115호(2000. 6. 19)

ISBN   978-89-268-4314-7 03910 (Paper Book)
         978-89-268-4315-4 05910 (e-Book)

이담
Books 는 한국학술정보(주)의 지식실용서 브랜드입니다.

기타